존 듀이

경험과 **교육**

존 듀이 **경험과 교육**

초판 인쇄 1995년 2월 2일
개정판 발행 2018년 6월 25일

지은이 존 듀이
엮은이 강윤중
펴낸이 김진남
펴낸곳 배영사

등 록 제2017-000003호
주 소 경기도 고양시 일산서구 구산동 1-1
전 화 031-924-0479
팩 스 031-921-0442
이메일 baeyoungsa3467@naver.com

ISBN 979-11-960665-7-4 (93370)
잘못 만들어진 책은 바꾸어 드립니다.

정가 9,000원

존 듀이

경험과 교육

John Dewey 저

강윤중 역

배영사

역자 서문

현대 영미 교육철학의 저술을 이해하기 위한 배경으로서, 듀이의 경험과 교육 등을 읽도록 기초적인 과목에서 요구하여 왔다. 그의 초보적인 이해를 떠나서는 최근의 교육적 논의를 파악할 수 없다는 생각에서였다.

그러나 학생들의 정확치 못한 이해가 부분적으로는 원문의 뜻을 살리지 못한 번역에서 기인한다는 사실을 알게 되었고, 그것이 새로운 번역을 생각게 한 직접적인 동기가 되었다.

선입관이나 편견 없는 독자가 듀이의 구체적이고, 일정한 주제를 검토, 논증하는 객관적인 논의 방식을 통해 자신이 원문에서 철학적 분석이라고 부른 바 있는 철학의 전형적인 모습을 발견할 수 있다면, 그것으로 번역의 의미는 충분할 것이다.

원문은 Experience and Education(New York : Collier Books)과 Deioey on Education(New York : Columbia Univ)에 수록된 John Dewey : A Centennial Review를 참조하였다. 작업의 처음부터 원고정리, 교정의 노고를 기꺼이 감당해 준 하상규 씨와 최원아 씨의 도움에 감사드린다.

역자

서문

모든 사회적 발전은 논쟁의 여지를 갖는 문제의 토론에서 보이는 지적 대립을 통하여 이루어진다. 만일 교육 문제와 같은 중요한 사회적 관심사가 실제적인, 그리고 이론적인 측면에서 논의의 대상이 되지 않는다면, 그것은 건강한 사회적 징후라고 할 수 없게 된다. 그러나 이론적으로, 적어도 교육 철학을 형성하는 이론적 측면에서 볼 때, 실제적인 갈등이나 이러한 갈등의 차원에서 보여지는 논쟁들은 단지 문제만을 제기하게 된다. 따라서 지적으로 교육 문제를 파악하는 이론 체계의 과제는 현재 나타나고 있는 갈등의 원인을 밝히고, 어느 한편에도 가담하지 않은 채, 상반된 실천과 이념을 주장하는 이들에 의해 보여지는 것보다는 더 깊고 더 포괄적인 차원에서 교육의 시행 계획을 밝히는 것이 된다.

교육 철학의 과제가 이와 같다고 하는 것은, 대립되는 사상 학파들 사이에서 타협점을 구하거나 어떤 중간적인 것을 찾으려고 시도하는 것을 의미하는 것이 아니며, 또한 모든 학파의 여기저기에서 뽑아낸 요점들을 탄력 있게 짜 맞추자는 것을 말하는 것도 아니다. 그것이 의미하는 것은 새로운 형태의 실천으로 이끌 수 있는 새로운 개념이 요구된다는 사실이다. 바로 이러한 이유 때문에 한 시대의 전통과 관습을 떠나서 어떤 교육 철학을 형성한다는 것이 매우 어려운 과제가 된다. 또한 새로운 개념에 기초한 학교 운영이 이미 답습된 길을 걷는 식의 학교 운영보다 훨씬 어려운 것도 바로 그러한 이유 때문이다. 따라서 새로운 교육 철학에 의해 요청되는 새로운 사고와 활동을 따르는 모든 움직임은 조만간 더욱 단순하고 더욱 근본적으로 보이는 과거의 사고나 실천 방식으로 되돌아 갈 것을 요구한다. 이는 오늘날의 교육에 있어서 고대 그리스나 중세 시대의 원칙들을 재생시키려고 노력하는 사실에 예증된 바와 같다.

이러한 문맥에서 이 책의 마지막 부분에서 제시하는 바는, 새로운 사회 질서에 요구되는 필요성에 부응하는 새로운 운동이 교육 내에서 일어나기를 기대하는 사람들이라면, 교육의 문제를 어떤 주의(主義ism), 하나의 주의로서의 진보주의 등으로서가 아니라, 교육 그 자체와 관련하여 생각해야만 한다는 점이다. 왜냐하면 하나의 주의(主義ism)로 사고하고 행동하는 어떤 개선 동향도 그 자체 때문에, 다른 주의(主義ism) 들에 대한 반대 입장에 빠져들게 되며, 자신도 모르게 그러한 주의(主義ism)라는 테두리에 의해 지배되기 때문이다. 그리하여 개선의 움직임은, 실제적인 필요성, 문제점, 가능성 등을 포괄적이며 건설적으로 검토하기보다는, 특정한 주의(主義ism) 들에 대한 반작용에 의해 나름대로의 원칙을 형성하게 되기 때문이다. 이 소책자에 제시된 논문이 가지는 가치가 무엇이든지간에, 그것은 보다 넓고 보다 깊게 교육 문제를 주목하여, 적절히 검토될 수 있는 틀을 제시하는 노력에 있게 된다.

존 듀이

편집자 서문

경험과 교육은 카파델타파이(Kappa Delta Pi) 강연 시리즈의 처음 10주기를 완결하는 출판물이다. 따라서 본 저작은 협회의 처음과 10번째 강사였던 듀이 박사를 예우하는 기념 출판물이다. 경험과 교육은 저자의 다른 연구물에 비해 비록 간결하기는 하지만, 교육 철학에 크게 공헌하고 있다.

이 소책자는, 유감스럽게도 미국 교육의 힘을 분산시키고 상이한 목표를 따르는 데서 야기되는 갈등이 고조되는 혼란의 와중에서 나타나서, 하나의 통합된 교육 일선을 향한 분명하고도 확실한 지침을 제공해 주고 있다.

'새' 교육의 입장에 있는 교사들이 공공연하게 듀이 박사의 가르침을 응용해 왔다고 했고, 경험, 실험, 목적 있는 학습, 자유, 그리고 그 밖의 '진보적 교육'의 다른 잘 알려진 개념들을 강조해 왔으므로, 현재의 교육 문제에 관하여 듀이 박사 자신이 어떻게 반응하는가를 살피는 것도 좋은 일일 것이다. 명확하게 이해하고 노력을 통합시키기 위하여, 카파 델타 파이의 집행 위원회는 몇 가지 논의의 여지가 있는 문제들, 즉 오늘날 급격한 사회 변화로 인하여 혼란해진 국가를 이끌어 가는 데 충만 된 힘이 필요한 이 때에, 미국 교육을 두 진영으로 나누어 약화시키고 있는 몇몇 문제들을 논의하도록 듀이 박사에게 요청 했다.

경험과 교육은 '전통적' 교육과 '진보적' 교육 모두에 대한 명확한 분석을 하고 있다. 이 책에는 각각에 대한 근본적인 결점들이 기술되어 있다. 전통적 학교가 교과목이나 문화유산을 그 내용으로 하고 있는 반면, '새' 학교는 학습자의 충동과 흥미, 그리고 변화하는 사회의 당면 문제들을 강조한다. 그러나 이러한 가치 체제들은 어느 것도 그 자체로서는 충분치 못하다. 모두가 요청된다. 건전한 교육적 경험은 무엇보다도 학습자와 학습 내용 사이의 계속성과 상호 작용을 포함한다.

전통적 교육과정은 분명히 고정된 편성과 훈련으로 이루어져서 아동의 선천적 능력과 흥미를 무시하는 경향이 있어 왔다. 그러나 오늘날 이러한 학교 교육 형태에 대한 반작용으로 흔히 다른 극단적인 것들, 즉 불완전한 교육과정, 지나친 개인주의, 그리고 자유에 대한 그릇된 이해에서 비롯된 지침으로서의 자발성 등이 조장되고 있다.

듀이 박사는 전통적 교육이나 새 교육 어느 것도 충분치 못하다고 주장한다. 둘 다 그 어느 것도 주의 깊게 전개된 경험 철학의 원리를 적용하고 있지 못하기 때문에 모두가 비교육적이라는 것이다. 이 책의 많은 부분은 경험의 의미와 교육과 경험과의 관계를 설명하고 있다.

듀이 박사는, 분열을 야기하고 조장하는 분류에 못마땅함을 표시하면서, 교육이란 인간이 세계를 연구하고, 비판적 탐구와 지적인 삶을 위한 자료가 되는 가치와 의미에 대한 축적된 지식을 획득하는 과학적 방법이라고 해석한다. 과학적 탐구의 경향은, 더욱 깊은 탐구의 방향을 설정하는 수단으로 이해될 수 있는 지식 체계로 향하고 있다. 따라서 과학자는 자신의 탐구 영역을 발견된 상태로서의 문제에 국한시키지 않고, 문제의 본질과 그 시대와 환경 및 중요성을 연구해 나가는 것이다. 이러한 목적을 위해 과학자는 관련된 지식의 축적을 다시 살펴 보아야 할 필요가 있을 것이다.

결국 교육은 교과 내용을 이해함으로써 문제의 의미와 중요성을 밝힐 수 있도록, 교과 내용을 진보적으로 구성해야만 한다. 과학적 탐구는 경험으로 인도되고 경험을 확대시키지만, 이러한 경험은 그것이 중요한 지식의 지속성에 영향을 미칠 때만, 그리고 이러한 지식이 학습자의 견해와 태도 및 기능 등을 수정하거나 "조절할" 때만이 교육적인 것이다.

그러므로 참다운 학습 상태는 종적이며 횡적인 차원을 갖는다. 그리고 이것은 역사적이면서 사회적인 것이며, 순차적이고 역동적인 것이다.

오늘날 신뢰할 만한 지침을 성실히 구하고 있는 많은 교육자와 교사들은 이 책의 여러 페이지에 사로잡히게 될 것이다. 경험과 교육은 그들로 하여금 미국 교육 체제를 일치단결해서 발전시킬 수 있는 확고한 기초를 제공해 주며, 이 기초는 모든 경험의 원천을 존중하는 경험과 교육에 대한 긍정적인 - 부정적이 아니 - 철학에 의거하고 있다. 그러한 긍정적인 철학에 의해 제시된 방향을 따르는 미국 교육자들은 그들에게 향하여지는 걸핏하면 대립하는 자들이라는 오명을 지우게 될 것이며, 보다 나은 내일을 위해 노력하는 굳건한 역할을 다하게 될 것이다.

알프레드 L. 홀퀘스트,
카파 델타 파이 출판 편집자

차례

제1장

전통적 교육과 진보적 교육

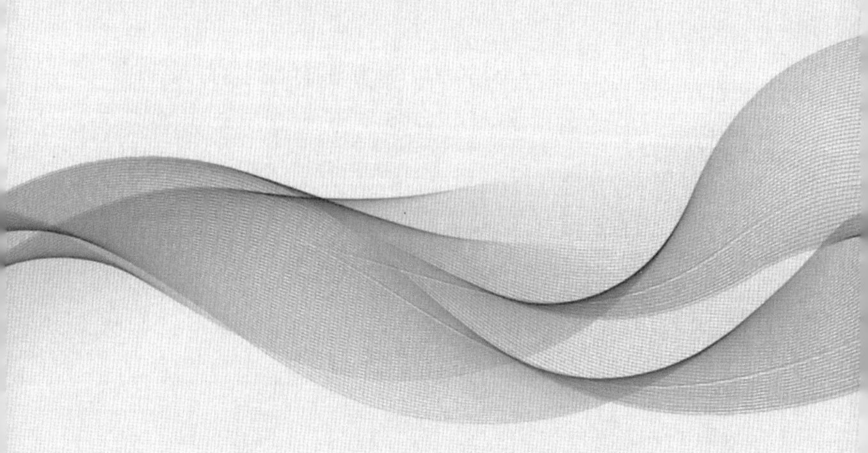

제1장

전통적 교육과 진보적 교육

인류는 극단의 대립적 입장에서 생각하는 경향이 있다. 인류는 '이것 아니면 저것' 이라는 식의 입장에서 자신의 생각을 표명하며, 그 극단 사이에 아무런 중간적인 가능성을 인정하지 않으려 한다. 그 극단적인 것을 따라 행동할 수 없음을 인정할 수 밖에 없을 경우에라도, 그것들 모두가 이론상으로 옳기는 하지만 단지 실제적 문제에 관련되었을 때는 상황이 우리로 하여금 타협하게끔 강요할 뿐이라고 주장하는 경향을 보이고 있다.

교육 철학의 경우도 예외가 아니다. 교육 이론의 역사는, 교육이 내부로부터의 발전이라는 생각과 외부로부터의 형성이라는 생각과의 대립으로 특징 지워진다. 즉 교육은 선천적으로 주어진 자질에 기초를 두고 있다는 생각과, 선천적 성향을 극복하고 그 대신 외적 노력을 통해 형성된 습성으로 대체시키는 과정이라는 생각과의 대립으로 특징 지워진다.

현재 학교의 실제적 문제에 관한 한 그러한 대립은 흔히 전통적 교육과 진보적 교육의 대립 형태로 나타나고 있다. 만일 전통적 교육의 근본적인 생각들을 정확한 묘사에서 요구되는 조건에 구애 받지 않고 폭넓게 공식화 한다면, 대체로 다음과 같은 것이 된다. 즉, 교과 내용은 과거로부터 축적된 지식과 기능의 체계들로 구성되며, 따라서 학교의 주요 과제는 그 체계들을 새로운 세대에 전달하는 것이 된다. 행위의 기준과 규칙들 역시 과거로부터 발전되어 왔으므로, 도덕적 훈련은 이러한 기준과 규칙에 일치하는 행동 습관을 형성하는 것이 된다.

결국 학교라는 기구의 일반적 패턴은(여기서의 학교 기구 내지 구성체란 학생들 간의 관계와 학생과 교사와의 관계를 의미한다.) 학교를 다른 사회 기구와는 특징적으로 구분되게 한다.

일상적인 학교 교실, 시간표, 학년의 분류 체제, 시험과 진급 체제, 질서 있는 규칙 등을 상상해 본다면, "기구의 패턴"이 무엇을 의미하는가 하는 점을 파악하게 될 것으로 본다. 예컨대, 만일 이러한 장면을 가정(家庭)의 모습과 비교해 본다면, 학교가 사회의 다른 기구 형태와는 전혀 다른 종류의 기구라고 하는 의미를 파악하게 될 것이다.

방금 언급한 세 가지 특징은 수업과 학습의 목적과 방법을 결정한다. 그 주된 목적 혹은 목표는 젊은이들로 하여금 미래의 책임과 삶의 성공을 위한 준비를 하도록 하는 것이며, 이는 수업 자료 속에 포함되어 있는 지식 체계와 미리 마련된 형태의 기능을 획득함으로써 가능하다고 본다. 교과 내용과 타당한 행위의 기준은 과거로부터 전해 오는 것이므로, 배우는 이들의 태도는 대체로 유순하거나 수용적이거나 복종적인 것이어야만 했다. 책들, 특히 교과서는 과거의 지식과 지혜를 대표하는 것이며, 반면 교사는 학생들을 이러한 재료들과 효과적으로 연결시키는 이가 된다. 말하자면 교사는 지식이나 기능을 전달하고 행위 규칙을 강요하는 매개체가 된다.

이 간결한 요약은 전통적 교육의 근저에 있는 철학을 비판할 목적으로 마련된 것은 아니다. 새 교육이나 진보적 학교라고 불리 우는 것의 등장은 그 자체가 전통적 교육에 대한 불만의 소산이었다. 실제로 그것은 전통적 교육에 대한 비판이었다. 그러한 비판이 뜻하는 바는 대체로 다음과 같이 요약될 수 있을 것이다. 즉 전통적 교육 구조는 본질적으로 위로부터의, 그리고 밖에서 부터의 부과이다.

그러한 교육은 단지 성숙을 향하여 서서히 성장하고 있는 배우는 이들에게 성인의 표준과 교과 내용 및 방법을 부과한다는 것이다. 그 간격이 너무 커서, 요구되는 교과 내용, 학습 방법과 행위 방식들이 배우는 이가 현재 가지고 있는 능력에 소원한 것이 되고 만다. 이러한 것들은 젊은 학습자가 이미 지니고 있는 경험의 테두리를 넘어 선 것이 된다.

따라서, 훌륭한 교사가 이와 같이 불합리한 특정을 감추기 위하여 기술적인 방법을 아무리 사용한다고 하더라도, 이러한 것들이 부과되어야 하는 삶은 틀림없게 된다.

그러나 성숙한 성인의 산물과 젊은이의 경험, 능력 사이의 간격은 매우 넓게 되므로, 바로 그러한 상황이 학생들로 하여금 학습의 진전에 적극적으로 참여치 못하게 한다. 그들이 하는 것은, 마치 학교 교육이 시작된 이래 지난 600여 년 간 사람들이 그저 배우고 죽은 것처럼, 그저 행하고 배우는 것일 뿐이다. 여기서의 배운다는 것은 이미 책이나 선인들의 머릿속에 들어 있는 것을 습득한다는 뜻이 된다. 더욱이 가르쳐지는 내용은 본질적으로 고정된 것으로 이해된다. 그것은 하나의 최종적 산물로서 가르쳐지는 것이며, 그것이 원래 형성되게 되었던 방식 혹은 분명히 미래에 발생하게 될 변화 등은 거의 고려되지 않고 있다.

이러한 경향은 미래 역시 과거와 거의 유사할 것이라고 생각하는 사회의 문화적 산물임에도, 그 변화는 예외적인 것이 아닌 일반적 법칙이라고 이해하는 사회에서도 여전히 교육 자료로 이용되고 있는 것이다.

만일 우리가 새 교육 운동에 함축된 교육 철학을 체계화하려고 한다면, 현재의 다양한 진보적 학교 속에서 어떤 일반적인 원리가 발견될 수 있을 것으로 생각된다. 위로부터 부과는 개성의 표현이나 함양으로 대치된다. 외적인 훈련은 자유활동으로 대치된다. 교재와 교사에게서 배우는 것은 경험을 통해서 배우는 것으로 대치된다. 훈련을 통하여 고립된 기능과 기술을 습득하는 것은 직접적이고 생동력있는 흥미를 자아내는 어떤 목적을 구하기 위한 수단으로서의 기능과 기술의 습득으로 대치된다. 다소 요원한 미래를 위해 준비하는 것은 현재의 삶의 기회를 최대한 활용하는 것으로 대치된다. 고정된 목적과 교재는 변화하는 세계에 친숙해지는 것으로 대치되는 것이다.

이제 이러한 모든 원칙들은 그 자체로서는 추상적이게 된다. 이러한 원칙들은 그것을 적용할 때 나타날 수 있는 결과에 있어서만 구체적인 것으로 나타나게 된다. 이와 같이 제시된 원칙들은 매우 기본적이고 광범위한 영향력을 갖는 것이기 때문에, 모든 것은 이러한 원칙들이 학교나 가정에서 실제로 적용될 때 어떻게 해석이 되느냐에 달려 있게 된다. 앞서 언급했던 '이것 아니면 저것'이라는 철학이 특히 꼭 들어맞는 것이 바로 이 점이다.

새 교육의 일반적인 철학은 타당한 것일 수도 있겠지만, 추상적인 형태의 원칙들이 보여주는 상이점은, 도덕적이고 지적으로 보다 높이 평가되는 주장들이 실천에 옮겨졌을 때 어떤 결과를 가져올 것인가를 결정해 주지는 못한다. 새로운 운동에는 늘 목표와 방법을 배격하는 데 있어서 자신의 원리를 긍정적이고 건설적으로 발전시키기보다는 부정적으로 발전시키는 위험이 따른다. 그리하여 자신의 고유한 철학을 건설적으로 발전시키는 대신에, 실제로 배격되는 것에서 해결의 실마리를 찾으려고 하게 된다.

새로운 철학의 근본적인 특성은, 실제 경험의 과정과 교육 사이에는 밀접하고도 필수적인 관계가 있다는 생각에서 발견될 수 있다고 본다. 만약 이것이 사실이라고 한다면, 이러한 자신들의 기본적인 아이디어를 긍정적이고 건설적으로 발전시키는 문제는, 정확하게 경험에 대한 아이디어를 갖는데 달려 있게 된다. 예컨대 조직화된 교재의 문제를 - 이는 후에 더욱 상세히 논의 된다. - 들어 보자.

진보적 교육을 주장하는 이들에게 문제점은 다음과 같은 것이 된다. 경험 내부에 있어서 교과 내용이나 구성의 위치와 의미는 무엇인가? 어떻게 교과 내용은 그 역할을 하는가 그 내용을 진보적으로 구성하게 하는 어떤 요인이 경험 속에 내재해 있는가? 경험의 자료들이 진보적으로 구성되지 않는다면 어떤 결과가 나타날 것인가? 배격, 즉 단순한 반대를 바탕으로 하여 전개되는 철학은 이러한 문제들을 소홀히 하게 된다. 그러한 철학은, 지금까지의 교육이 기성적인 구성에 기초하기 때문에, 구성의 원리를 전체적으로 부정하는 것으로 충분하다고 생각할 뿐, 구성의 원리가 무엇을 의미하며, 경험에 기초하여 어떻게 구성되어야 할 것인가 하는 바를 발견하려고 노력하지는 않는 경향이 있다.

새 교육과 지금까지의 교육 사이의 모든 차이점을 자세히 살펴본다면 유사한 결론에 도달하게 될 것이다. 외부적 통제가 배격된다면, 문제는 경험의 내부로부터 통제의 요소를 찾는 것이 된다. 외적인 권위를 배격한다고 해서 모든 권위가 배격되어야 한다는 것은 아니다. 오히려 권위에 대한 보다 효과적인 근원을 찾을 필요가 있다. 왜냐하면 지금까지의 교육이 성인의 지식, 방법 및 행동 규칙을 아동에게 부과했다고 해서, 극단적인 '이것 아니면 저것'이라는 식의 철학을 바탕으로 하는 경우가 아니라면,

성인의 지식과 기술이 미성년자의 경험에 아무런 지도적 인 가치가 없다는 것을 뜻하는 것이 아니기 때문이다. 반대로 개인의 경험에 기초하는 교육은, 성인과 미성년자 사이에 전통적 학교에서 있어 왔던 것보다도 훨씬 다양하고 더 친밀한 접촉이 있어야 한다는 것을 의미하며, 따라서 오히려 성인에 의해 더 많은 지도를 받아야 한다는 것을 뜻하게 된다. 그러므로 문제는, 개인적 경험을 통한 학습의 원리를 해치지 않으면서, 어떻게 그러한 접촉이 성립될 수 있는가 하는 것이 된다. 이러한 문제를 해결하기 위해서는 개인적 경험을 형성하는 과정 속에 작용하는 사회적 요소들에 대한 아주 빈틈없는 이해가 요구된다.

전술한 바가 지적한 것은, 새 교육의 일반 원리들 그 자체로서는 진보적 학교의 현실적, 실제적 운영과 관리에서 제기되는 어떠한 문제도 해소해 주지 못한다고 하는 점이다. 오히려 이러한 원리들은 새로운 경험 철학에 기초해서만 해결 될 수 있는 새로운 문제들을 제기한다.

이러한 문제점들은, 지나간 교육의 이념과 실천 방식을 배격하고 반대편 극단으로 나아가는 것으로 충분하다고 생각한다면, 해결되지 못하는 것은 그만 두고라도 인식조차 되지 못하게 된다. 그러나 많은 새로운 학교들이 학습 교과 내용의 구성을 소홀히 하거나 무시하는 경향이 있다고 말했을 때, 즉 성인에 의한 어떠한 형태의 지도나 지침도 개인의 자유를 침해하는 것이며 교육이 현재와 미래에 관련되어야 한다는 생각이 마치 과거에 대한 이해는 교육에 거의 혹은 아무런 역할도 하지 못하는 것을 뜻하는 것처럼 여겨지는 경향이 있다고 말했을 때, 그것이 무엇을 의미하는가를 평가할 수 있을 것으로 확신한다.

이러한 결점들은 억지로 과장하지 않더라도, 최소한 경험에 관한 이론과 그것의 교육적 가능성을 기초로 해서 목표와 방법 및 교재에 대한 긍정적이고 건설적인 발전을 도모하기보다는, 현재의 교육 현상에 대한 부정과 반작용에서 시작된 교육 이론과 실천 방식이 결과하는 바를 예시해 주게 된다.

자유라는 개념에 기초했다고 주장하는 교육 철학도, 자신들이 반대한다고 하는 전통적 교육과 마찬가지로, 독단적일 수 있다는 것은 지나친 말이 못된다. 왜냐하면 어떤 이론이나 실천 방식도, 그것이 자신의 입장 근저에 깔린 원리에 대한 비판적인 검토에 기초하지 않는다면, 독단적인 것이 되기 때문이다. 새 교육이 학습자의 자유를 강조한다고 하자. 대단히 좋지만, 이미 이것은 새로운 문제를 제기하는 것이 된다. 즉, 자유가 의미하는 것은 무엇이며, 어떤 여건에서 이의 실현이 가능하게 될 것인가? 전통적 학교에서 아주 흔히 보여 졌넌 외적인 부과가 젊은이의 지적, 도덕적 발달을 증진하기보다는 제한했다고 하자. 역시 대단히 좋은 지적이지만, 이러한 중대한 결함을 인정한다는 것은 새로운 문제를 제기하는 것이 된다. 즉 미성숙한 이의 교육적 발달을 증진함에 있어서 교사와 서적의 역할은 무엇인가? 전통적 교육이 과거와 연관된 사실과 아이디어를 학습의 교과 내용으로 채택했기 때문에, 현재와 미래의 문제를 다루는 데에는 거의 아무런 도움도 주지 못하였다고 하자. 대단히 좋지만, 이제 우리는 과거의 축적된 지식과 현재의 문제 사이에 실제로 존재하는 경험 '내면'의 관계를 발견하는 문제에 직면하게 된다. 즉 우리는 과거의 이해를 어떻게 미래의 문제를 효율적으로 다루는 데 잠재적인 수단으로 변화시킬 수 있는가 하는 문제에 직면하게 된다.

우리는 과거에 대한 지식을 교육 '목적'으로서 배격한 채, 그 지식의 중요성을 하나의 '수단'으로만 강조할 수도 있다. 그렇게 한다면 그때 우리는 교육사에 있어 새로운 문제에 당면하게 된다. 즉 어떻게 하면 젊은이들로 하여금 생동하는 현재를 이해하는 잠재적 매개체가 될수 있도록 하는 방식으로서 과거의 축적된 지식을 배우도록 할 수 있을 것인가?

제2장

경험 이론의 필요성

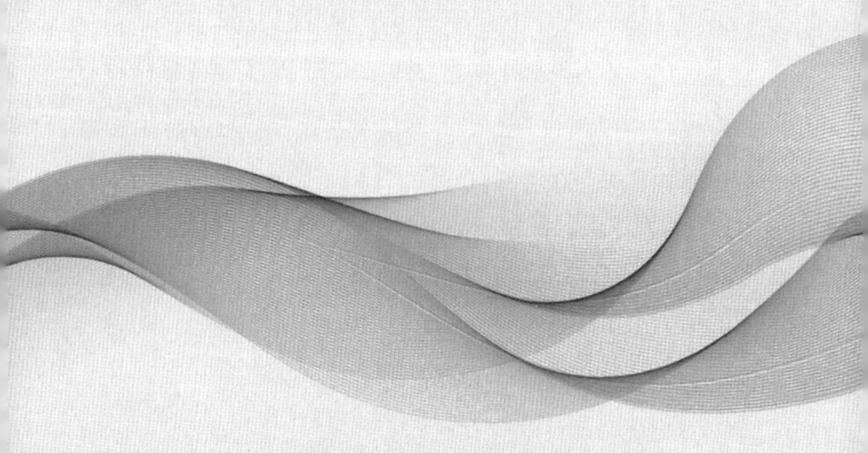

제2장

경험 이론의 필요성

요컨대 지적하고자 하는 요지는 전통적인 교육 철학과 실천 방식을 배격하는 것 자체가 새로운 형태의 교육을 추구하는 이들에게 또 다른 교육적 난제를 제기한다는 점이다. 이러한 사실을 인식하지 않는 한, 즉 오랜 것으로부터 떠남으로서는 아무런 문제도 해결되지 않는다는 사실을 철저히 이해하지 않는 한, 우리는 맹목적이고 혼란된 상태에서 머물게 된다는 점이다.

따라서 다음 글에서는 새로운 교육이 직면하게 되는 주요 문제를 지적하고 그 해결 방안이 모색될 수 있는 주요 방향을 제시하고자 한다. 모든 것이 불확실함에도 하나의 기준이 될 수 있는 지속적인 골격이 있다고 가정한다. 즉 교육과 개인 경험 사이에는 유기적 관계가 있으며, 새로운 교육 철학은 일종의 경험적이며 실험적인 철학을 따르려고 한다고 가정한다. 그러나 경험과 실험은 자명한 관념은 아니다. 오히려 그 의미는 탐구되어져야 할 문제의 일부분이다. 경험론의 의미를 얻기 위해서는 경험이 무엇인가 하는가를 이해하여야만 한다.

모든 진정한 교육은 경험을 통하여 이루어진다고 하는 신념은, 모든 경험이 진정으로 혹은 동등하게 교육적이라는 것을 의미하지는 않는다. 경험과 교육이 서로 직접적으로 동일시될 수는 없다. 어떤 경험은 비교육적이기 때문이다. 어떤 경험이라도 이후의 경험의 성장을 막거나 왜곡하는 결과를 가져온다면 비교육적인 것이다. 어떤 경험은 무감각을 낳을 수도 있고 감수성이나 감응의 결핍을 가져올 수도 있다. 그리하여 미래의 보다 풍부한 경험을 가지게 될 가능성이 제한된다. 다시, 어떤 주어진 경험은 어떤 이와 기계적인 기능을 특정한 방향으로 증진시키지만, 그를 판에 박힌 생활을 하게 할 수 있으며, 그 결과는 또다시 이후의 경험 영역을 좁혀 놓게 된다. 어떤 경험은 당장은 즐겁지만 태만하거나 부주의한 태도를 조장하기도 한다. 그러므로 이러한 태도는 뒤따르는 경험의 질을 변화시켜 경험을 통해 얻어져야만 하는 바를 파악하지 못하도록 한다. 또한 어떤 경험은 서로 연관되어 있지 않아서, 개별적인 경험는 그 자체로서는 좋거나 혹은 매우 흥미로운 것들이지만, 그 경험들이 서로 축적적으로 관련되지는 못한다. 그리하여 힘은 분산되고 그 사람은 주의가 산만해진다. 개별적인 경험은 활발하고 생생하며 "흥미 있는" 것일지라도, 그 경험들이 서로 연관되어 있지 않다면 인위적으로 산만하고, 분열되며 원심적인 습관을 만들어 낸다. 그와 같은 습성이 형성된 결과는 미래의 경험을 통제하지 못하게 되는 것이다. 그리하여 그때 그때의 즐겁다거나 혹은 만족스럽지 못하므로 싫어 한다는 이유 등에 따라 자신의 경험을 맡기게 된다. 이러한 상황 하에서 자제를 말하는 것은 어리석을 뿐이다.

전통적인 교육은 위에 언급된 종류의 경험 사례들을 많이 보여 준다. 전통적 교실이 학생들이 경험을 가지는 장소가 아니었다고 가정한다면, 비록 암암리의 가정일지라도 그것은 아주 잘못된 것이다. 그러나 이는 진보적 교육은 경험에 의한 학습 계획으로서 구 교육과 날카롭게 대립되고 있다고 할 때 암암리에 가정되어지는 생각이다. 적절한 비판의 방향은 학생이나 교사가 똑같이 해 왔던 대부분의 경험이 그릇된 종류의 것이었다고 하는 것이 될 것이다.

예컨대, 얼마나 많은 학생들이 새로운 아이디어에 무감각해졌으며, 얼마나 많은 학생들이 자신들이 경험한 학습 방식 때문에 학습 의욕을 잃었던가? 기계적인 훈련으로 특수한 기능을 습득함으로써 새로운 상황에 지적으로 행동할 수 있는 판단력이나 능력을 제한 받았던 학생들이 얼마나 많았던가? 학습 과정이라면 권태나 지루함을 연상하게 된 학생들이 얼마나 많았던가? 자신들이 배운 것은 학교 밖의 삶의 장면들과는 너무도 소원한 것이어서, 학교 밖의 삶에 대한 아무런 통제력을 길러 주지 못함을 깨달은 학생들이 얼마나 많았던가? 책이라면 재미없는 고역을 연상하고, 따라서 야한 읽을거리에만 "적응된" 학생들이 얼마나 많았던가?

이러한 의문을 제기한다 해도, 그것은 구 교육을 싸잡아 비난하려고 하는 의도는 없다. 그것은 전혀 다른 목적 때문이다. 그것은 첫째로, 전통적인 학교의 학생들도 경험을 했었다는 사실을 강조하려는 것이며, 둘째로, 문제는 경험이 없었다는 것이 아니라, 그 경험이 결함이 많고 잘못된 - 이후의 경험과의 관련이라는 입장에서 볼 때 결함이 많고 잘못된 - 성질의 것이었다는 사실을 강조하려는 것이다.

이 점에 대한 긍정적인 측면은 진보적 교육과 연관되어서는 더욱 중요하게 된다. 경험이 필요하다거나 적극적인 경험이 필요하다고 주장하는 것으로는 충분치 못하게 된다. 모든 것은 경험이 가진 '질'에 달려 있다. 어느 경험의 질도 두 가지 측면을 가지고 있다. 거기에는 즐거움 혹은 불쾌함이라는 즉각적인 측면이 있으며, 또한 나중의 경험에 미치는 영향이라는 측면이 있다. 전자는 분명하고 쉽게 판단되는 것이다. 경험의 '효과'는 표면에 나타나지는 않는다. 그 점이 교육자에게 문제를 제기한다.

교육자의 임무는 학생들에게 반감을 일으키지 않고 오

히려 자신의 활동에 열중하게 되는 종류의 경험을 마련하는 것이며, 그러한 경험은 바람직한 미래의 경험을 증진시켜 주는 것이기 때문에 즉각적인 즐거움을 넘어서는 것이다. 누구도 혼자 살거나 혼자 죽지 않는 것과 마찬가지로, 어떤 경험도 혼자 생겨서 혼자 없어지지는 않는다. 바램이나 의도와는 전혀 관계없이, 모든 경험은 이후의 경험 속에서 생명을 이어 간다. 따라서 경험을 바탕으로 하는 교육의 중심 문제는 후속하는 경험 내에서 충실하고 창조적으로 살아나가게 될 그러한 종류의 현재의 경험을 선택하는 것이다.

경험의 지속성의 원리 혹은 경험적 지속성이라 불리는 것에 대해서는 나중에 더 자세히 논의할 것이다. 여기서는 단지 그러한 원리의 교육적 경험 철학이 중요함을 강조만 하고 싶다. 모든 이론과 마찬가지로 교육 철학도 언어로, 즉 기호로 기술되게 된다.

그러나 교육 철학이 단순히 말에 관한 것이 아니라면, 그것은 교육을 행하기 위한 하나의 계획이다. 모든 계획과 마찬가지로 그 계획은 무엇이 행해져야 하며 어떻게 행해져야 하는가 하는 기준을 제시하여야 한다. 교육이 경험 내부의, 경험에 의한, 경험을 위한 발전임을 분명하고 진실하게 주장하면 할수록, 더욱 더 경험이 무엇인가에 대한 명료한 개념을 가지는 것이 중요해진다.

경험의 결과가 교과 내용을 결정하고, 수업과 훈련 방법을 결정하며, 학교의 물질적 설비와 사회적 기구를 결정하기 위한 계획으로 인식되지 않는다면, 그 경험은 전적으로 헛된 것이 된다. 계획이 이끌어져야 하고 실행되어야 할 활동을 지시하지 않는다면, 그것은 감정적으로 자극하는, 그러나 언제이고 다른 일련의 언어로 똑같이 대체될 수 있는 언어의 집합에 지나지 않는다. 단지 전통적인 교육이 과거로부터 전해내려 오는 계획과 프로그램을 따르는 판에 박힌 일을 해 왔다고 해서, 진보적 교육이 계획도 없는 즉흥적인 일이어야만 한다는 것은 아니다.

전통적인 학교는 일관성 있게 발전된 어떠한 교육 철학 없이도 잘 운영될 수 있었다. 이론적으로 요구되는 거의 모든 것은 문화, 학문, 인간의 위대한 문화유산 등 일련의 추상적인 말들이었으나, 실제적인 지침은 이러한 것들에서보다는 관습이나 고정된 일상사에서 나온 것이었다.

진보적 학교는 설정된 전통과 제도적 관습에 의존할 수 없기 때문에, 다소간 아무렇게나 진행되든지 혹은 일정한 이념에 의해 이끌어지게 된다. 그리고 이 이념들이 분명히 표명되고 일관성 있게 되었을 때 교육 철학을 이루게 된다. 전통적 학교의 특징적인 그러한 종류의 기구에 대한 반발은 이념에 바탕을 둔 종류의 기구를 요구하게 된다. 교육사를 조금만 알고 있어도 교육 개혁자나 혁신자들만이 교육 철학의 필요성을 느끼고 있다는 것이 증명될 수 있다고 생각한다.

기성 체제에 집착하는 사람들은 단지 몇 마디의 듣기 좋은 말을 가지고 현재의 실천 방식을 정당화 한다. 실제의 작업은 이미 고정되어 제도화된 습관에 의하여 행해진다. 진보적 교육을 위한 교훈은 경험 철학을 바탕으로 하는 교육 철학이, 이전의 혁신자들에게 과해졌던 것보다도 더욱 절실하게, 요구되고 있다는 것이다.

나는 문제의 철학을, 민주주의에 관한 링컨의 말을 바꾸어, 경험의, 경험에 의한, 경험을 위한 교육 철학이라고 우연히 표현한 적이 있다. '~의,' '~에 의한,' '~을 위한' 등 이러한 말들은 어느 것도 자명한 어떤 것을 일컫는 것은 아니다. 그 각각의 말은 교육적 경험이 무엇을 의미하는가를 이해하는 데서 나오는 질서와 구성의 원리를 발견하고 실천에 옮기기 위한 하나의 도전이 된다.

따라서 새 교육에 적합한 종류의 교재와 방법 및 사회적 관계를 밝혀내는 작업은 전통적인 교육의 경우보다도 훨씬 어려운 과제이다. 진보적 학교를 운영하면서 경험하게 되는 많은 어려움, 그리고 그러한 학교에 반대하여 쏟아지는 많은 비판들은 이러한 데서 근원한다고 생각한다. 새 교육이 구 교육보다 다소간 쉽다고 가정되었을 때, 그 어려움은 더욱 악화되고 비판은 늘어가게 된다.

이러한 믿음은 상당히 유포 되어 있는 것으로 보인다. 아마도 그것은 다시 한 번, 요청되어지는 거의 모든 것은 전통적인 학교에서 행해진 것을 '행하지 않으면' 된다는 생각에서 나오는, '이것 아니면 저것' 이라는 식의 철학을 제시하고 있는 것 같다.

새 교육이 원칙적으로 구 교육보다는 '단순한' 것임을 기꺼이 인정한다. 새 교육은 성장의 원리와 일치한다. 반면 교재와 방법에 대한 구식 선택과 배열에는 인위적인 것이 매우 많이 들어 있으며, 그 인위성은 늘 불필요하게 복잡한 것으로 만들고 있다. 그러나 쉬운 것과 단순한 것이 동일한 것이 아니다. 참으로 단순한 것을 발견하고 그 발견된 것에 따라 행동하는 것은 지극히 어려운 일이다. 인위적이고 복잡한 것이 한번 제도화되어 관습과 일상사에 배어든 다음에는, 새로운 관점을 취하여 그 새로운 관점에 실제적으로 들어 있는 것을 밝혀내는 것보다는, 이미 답습한 길을 걷게 되기가 더 쉽게 된다.

옛 프톨레마이오스의 천문학 체계는 코페르니쿠스의 체계보다는 천체 궤도와 주전원(周轉圓)이 더 복잡했다. 그러나 실제 천문학적 현상이 코페르니쿠스의 원리를 바탕으로 하여 구성될 때까지는, 가장 쉬운 방식은 오래된 지적 관습에 의해 마련된 가장 저항이 적은 노선을 따르는 것이었다.

이제 우리는 학교의 과업에 새로운 방향을 제시하고자 시도할 때에는, 적절한 교육 방법과 교재를 선택하고 구성하는 데에 분명한 방향을 제공해 줄 수 있는 일관된 경험의 '이론'이 요청된다는 생각으로 되돌아온다. 그 과정은 더디고 힘든 일이다. 그것은 성장의 문제이며, 거기에는 성장을 방해하고 성장을 잘못된 방향으로 빗나가게 하는 많은 장애물들이 있다.

구성에 관해서는 후에 언급될 것이다. 아마도 지금 필요한 것은, 내용(혹은 교과 내용)의 구성이든 혹은 방법이나 사회적 관계의 구성이든 간에, 전통적인 교육을 특징짓는 '종류'의 구성의 의미에서 구성 자체를 생각하던 경향으로부터 벗어나야 한다고 말하는 것이다. 오늘날 구성이라는 생각에 대한 많은 반대는 예전 학교 공부의 모습에서 벗어나는 것이 너무나 어렵다는 사실에 기인한다.

'구성'이라는 말이 언급되는 순간 상상력은 거의 자동적으로 이미 알고 있는 종류의 구성을 연상하게 되고, 그것에 대한 반감 때문에 구성이라는 생각 자체로부터 피하려고 한다.

한편, 오늘날 그 세력을 모으고 있는 교육의 보수적 입장을 취하는 이들은 진보적 형태의 학교에 적절한 지적, 도덕적 구성이 결여되었음을 가지고, 구성이 요청된다는 증거로 뿐만 아니라, 모든 형태의 구성은 실험 과학이 형성되기 이전에 마련된 것과도 동일시 할 수 있다는 증거로서 제시한다. 구성의 개념을 경험적이며 실험적인 기초 위에서 발전시키지 못했다는 사실이 보수적 입장을 취하는 이들에게 너무 쉬운 승리를 안겨 주게 된다.

그러나 이제 경험 과학이 어떠한 영역에서도 발견될 수 있는 최선의 지적 구성을 제시해 주고 있다는 사실은, 스스로 경험주의자라고 부르는 우리가 체계와 구성의 문제에 관해서는 '만만한 상대'가 되어야 할 이유가 없음을 보여 준다.

제3장

경험의 기준

제3장

경험의 기준

교육이 경험을 바탕으로 하여 지적으로 운영되기 위해서는 경험의 이론을 만들어야 할 필요가 있다고 말한 것이 타당한 것이라면, 이러한 논의에 있어서 다음 순서는 이러한 이론을 구성하는 데 있어 가장 중요한 원리들을 제시하는 것이 된다. 그러므로, 다른 문맥이라면 적절치 못할 수도 있겠지만, 일정한 철학적 분석에 관여하는 것에 대한 변명은 하지 않을 것이다.

그러나 이러한 분석은 그 자체가 목적이 아니라, 나중에 많은 구체적이면서도 대부분의 사람들에게는 더욱 흥미로운 쟁점을 논의하는 데 적용될 기준을 얻기 위하여 시작하는 것이라는 점을 밝히고 싶다.

이미 지속성의 범주, 혹은 경험의 지속성이라 불리는 것을 언급한 적이 있다. 이러한 원리는 이미 지적 했듯이, 교육적으로 가치 있는 경험과 그렇지 못한 경험을 구분하려는 모든 노력에 관련되어 있다.

이러한 구분이 전통적인 교육 형태를 비판하는 데 뿐만 아니라 다른 상이한 형태의 교육을 시작하고 운영하는 데에도 필요하다고 주장하는 것은 불필요한 일로 보일 수 있다. 그럼에도 불구하고 당분간 그러한 구분이 필요하다는 생각을 따르는 것이 좋을 것 같다.

진보적 교육을 추천하는 한 가지 요소는 그것이, 전제적인 요소를 많이 가지고 있는 전통적인 학교의 운영 절차보다는, 우리가 따르고 있는 민주주의적 이상에 더 잘 부합된다고 여겨지기 때문이라고 생각한다. 진보적 교육이 호의적으로 받아들여지는 데 공헌한 또 하나의 요소는 그 교육 방법이, 전통적인 학교의 정책에서 흔히 나타나는 가혹성과 비교해 볼 때, 인간적이라는 점이다.

내가 제기하고자 하는 물음은 왜 우리가 민주적이며 인

간적인 체제를 전제적이고 가혹한 체제보다 선호하는가 하는 점이다. 그리고 '왜'라는 것은 그것을 더 좋아하는 '이유(reason)'를 의미하는 것이며, 우리가 그것을 더 좋아하게 된 '원인(cause)'을 의미하는 것은 아니다. 그 한 가지 '원인'으로는 우리가 학교에서뿐만 아니라 신문, 설교, 연설 및 법률이나 입법부 등을 통하여 민주주의가 가장 최선의 사회 제도라고 배워 왔기 때문이라고 할 수도 있다.

우리는 주위 환경으로부터 그러한 생각에 동화되었으며, 그 생각은 우리의 정신적, 도덕적 기질을 구성하는 하나의 습관적 부분이 되고 말았다. 그러나 유사한 원인도 상이한 환경에서 사는 다른 사람들에게는 아주 다른 결론에 이르게 - 예컨대 파시즘을 더 좋아하게 - 하여 왔다. 우리가 어떤 것을 더 선호하게 된 원인은 왜 우리가 그것을 더 좋아 '해야 하는가'의 이유와 동일한 것이 아니다.

여기서 그 이유를 상세히 다루는 것이 목적은 아니다. 그러나 한 가지 질문을 하고 싶다. 즉 민주적 사회 체제가, 비민주적 사회 형태나 반민주적 사회 형태보다도, 더 폭넓게 접근할 수 있고 즐길 수 있는 더 나은 질의 인간 경험을 조장 한다는 신념에 궁극적으로 귀착되지 않는 어떤 다른 이유라도 있는가? 개인적 자유에 관한, 그리고 인간관계의 온당함과 친절성에 관한 원리는 결국 이러한 것들이, 억압과 강요나 강제라는 방법보다는, 보다 많은 사람들에게 더 높은 질의 경험을 하게 해 준다는 확신으로 귀착되지 않는가? 우리가 선호하는 이유는 설득을 통하여 이루어지는 서로 간의 논의와 납득이야말로, 광범위한 규모로 제공될 수 있는 다른 어떤 것보다도, 보다 나은 질의 경험을 가능케 한다고 우리가 믿기 때문이 아닐까?

만약 이러한 질문에 대한 답이 긍정적이라면(그리고 개인적으로는 우리가 민주주의와 인간성을 선호한다는 사실을 정당화 할 수 있는 다른 근거를 알지 못한다). 진보주의 교육에 대하여, 그것이 인간적인 방법에 의존하고 그러한 방법을 사용하며 그리고 민주주의와 친밀한 관계라고 해서, 호감을 갖게 된다는 그 궁극적인 이유는 결국 상이한 경험이 갖는 고유한 가치에는 차이가 있다는 사실로 거슬러 올라간다. 따라서 그 차이의 기준으로서의 경험의 지속성의 원리로 되돌아가게 된다.

사실 이러한 원리는 습관, 즉 생물학적으로 해석될 때의 '습관'이라는 사실에 기초한다. 습관의 기본 성격은 행하고 겪게 되는 모든 경험이 그 경험을 행하고 겪는 사람을 변화시키며, 이러한 변화는 원하든 원치 않든 뒤따르는 경험의 질에 영향을 준다는 것이다.

왜냐하면 그 후속 경험을 시작하는 사람은 다소간 다른 사람이기 때문이다. 이렇게 이해되는 습관의 원리는, 일을 행하는 어느 정도 고정된 방법이라는 일상적인 개념의 '하나의' 습관보다는, 분명히 더 깊은 것이다.

물론 습관의 원리는 보다 특별한 경우의 하나로 일상적인 개념의 습관을 포함하기도 한다. 습관은 감정적이며 지적인 태도의 형성을 포함하며, 우리가 살아 가면서 만나는 모든 여건들을 대하고 이에 반응하게 되는 기본적인 방법과 감수성을 포함한다.

이러한 관점에서 경험의 지속성 원리가 의미하는 것은, 모든 경험은 앞서 지나간 경험에서 무엇인가 영향을 받으며 그 이후에 하게 되는 경험의 질을 어떤 식으로든 변화시킨다는 것이다. 어떤 시인은 이렇게 말했다.

……모든 경험은 아치문이니, 이 문을 통해 모든 미지의

세계가 어슴푸레 나타나고, 내가 움직이면 그 가장자리는 사라진다. 영원히 영원히

그러나 아직 우리에게는 경험을 구분하는 근거가 없게 된다. 왜냐하면 원칙은 보편적으로 적용되는 것이어야만 하기 때문이다. 어떤 경우에나 '일정한 '종류의 지속성은 있다. 우리가 경험들을 구분할 수 있는 기초를 발견하게 되는 것은 경험의 지속성이 나타내는 상이한 형태를 주목할 때이다. 언젠가 제시했던 생각에 - 즉, 교육 과정(過程)은 성장하는(growing)이라는 능동 분사로 이해될 때 성장(growth)과 동일시될 수 있다는 생각에ㅡ 반대하여 제기되어 왔던 반론이 의미하는 바가 무엇인가를 설명할 것이다.

신체적인 면 뿐만 아니라 지적인 면이나 도덕적인 면에 있어서의 성장(growth), 혹은 발달(developing)로서의 성장(growing)은 지속성 원리가 나타내는 하나의 좋은 예가 된다. 제기된 반론은 성장이 많은 여러 가지 방향을 취할 수 있다는 것이다.

예컨대 도둑질 경력에 입문한 사람은 그 방향으로 성장

하여, 실제 도둑질을 함으로써 고도의 숙련된 도둑으로 성장해나갈 수도 있다는 것이다. 따라서 "성장"만으로는 충분치 않다고 주장된다. 우리는 또한 성장이 일어나는 방향, 즉 성장이 지향하는 목표를 명확히 해야 한다는 것이다. 그러나 이 반론이 결정적이라고 하는 결정을 내리기 전에 우리는 문제의 경우를 좀 더 분석해 보아야만 한다.

어떤 사람이 도둑으로, 강도로, 혹은 타락한 정치가로 효과적으로 성장할 수 있다는 것은 의심의 여지가 없다. 그러나 교육으로서의 성장이나 성장으로서의 교육이라는 관점에서 볼 때, 그 문제는 이러한 방향의 성장이 일반적인 성장을 도모하느냐 혹은 저해하느냐 하는 것이 된다.

이러한 형태의 성장이 이후의 성장을 위한 여건을 만들어 주는가? 아니면 이러한 특정한 방향으로 성장한 사람들로 하여금 새로운 방향의 지속적인 성장을 위한 계기, 자극, 기회 등을 막아버리는 여건을 마련하고 있는 것인가? 하나의 특정한 방향으로의 성장이, 다른 노선으로의 발전을 가능케 하는 태도와 습관에 미치는 영향은 무엇인가? 이러한 질문들에 대한 답은 여러분에게 맡겨두겠지만, 단지 말해둘 것은 '오직' 특정한 노선의 발달이 지속적인 성장에 도움될 때만 그 발전이 성장으로서의 교육의 기준이 될 수 있다는 점이다. 왜냐하면 그 개념은 특수하게 한정된 것이 아니라 일반적으로 적용되어야만 하는 것이기 때문이다.

이제 교육적 경험과 비교육적(mis-educative) 경험을 구분하는 기준으로서의 지속성의 문제로 되돌아가자. 이미 살펴 본 바와 같이, 어떤 경우이든지 일종의 지속성은 있게 된다. 왜냐하면 모든 경험은, 일정한 선호감과 혐오감을 만들어 주고 이러저러한 목적을 위한 행동을 더 쉽게 혹은 어렵게 만들어 줌으로써, 이후의 경험의 질을 결정하는 데 도움이 되는 태도에 긍정적인 혹은 부정적인 영향을 미치기 때문이다. 더욱이 모든 경험은 이후의 경험이 일어나는 객관적 여건에 어느 정도 영향을 미친다.

예를 들면, 말을 배우는 어린이는 새로운 능력과 새로운 욕구를 갖게 된다. 그러나 그는 동시에 뒤따르는 학습의 외적 조건을 확대시킨 셈이다. 그가 읽기를 배운다면, 마찬가지로 새로운 환경을 여는 것이다.

어떤 사람이 교사, 변호사, 의사, 혹은 주식 거래인이 되기로 결심했다면, 자신의 의도를 실천에 옮기게 될 때 그는 어느 정도 미래에 자신이 행위할 환경을 결정하게 된다. 그는 어떤 조건에 대해서는 보다 예민하거나 민감해지면서도, 만약 그가 다른 선택을 하였다면 자극이 되었을 수도 있는 자기 주변의 어떤 조건에 대해서는 상대적으로 둔감해질 수도 있게 된다.

그러나 지속성의 원리는 어느 경험의 경우에서라도 어떤 방식으로든 지간에 적용되는 반면에, 현재의 경험의 질은 이원리가 적용되는 '방식'에 영향을 미친다. 우리는 어린이를 버릇없이 키운다거나 버릇없이 큰 어린이에 대해 말한다. 어린이의 응석을 지나치게 받아준 결과는 지속적인 것이 된다. 이는 사람이나 대상이 미래의 자신의 욕구나 변덕에 응할 것을 자동적으로 요구하게 되는 태도를 형성하게 된다.

그렇기 때문에 그는 자신에게 그때그때마다 하고 싶어하는 바를 할 수 있도록 허용하여 주는 상황을 찾게 된다. 그렇기 때문에 그는 난관을 극복하기 위하여 노력과 인내심이 요구되는 상황을 싫어하거나, 그러한 상황에 비교적 무능력하게 된다.

경험의 지속성 원리가 어떤 사람을 낮은 발달 수준에 머무르게 하여 나중의 성장 능력을 제한하게 된다는 사실에는 아무런 모순이 없다.

반면 어떤 경험이 호기심을 불러일으키고 주도력을 강화하며 개인에게 장차 어려움을 극복할 만큼 충분히 강한 욕구와 목적을 이루어 준다면, 지속성은 전혀 다른 방향으로 작용하게 된다. 모든 경험은 동적인 힘을 가지고 있다. 그 가치는 오직 그 힘이 향하는 목표를 근거로 하여 판단될 수 있다.

교육자로서의 성인은 매우 성숙된 경험을 가져야 하며, 이 때문에 그는 덜 성숙된 경험을 가진 사람은 할 수 없는, 즉 어린이의 모든 경험을 평가하는 위치에 놓이게 된다. 그러므로 경험이 어느 방향으로 향하고 있는지를 살피는 것은 교육자의 임무이다. 만약 그가, 자신의 보다 큰 통찰력을 이용하여 미성숙자의 경험 여건들을 구성하는 데 도움을 주지 않고, 자신의 통찰력을 내던져 버린다면, 보다 더 성숙했다는 것이 아무런 의미가 없게 된다.

경험의 동적인 힘을 염두에 두고 그 힘이 움직여 가는

바를 근거로 하여 일정한 경험을 판단하고 지도하지 못한다면, 그것은 경험의 원칙 그 자체에 대해 충실하지 못함을 뜻한다. 이러한 불충실성은 두 가지 방향으로 나타난다. 그러한 교육자는 자기의 과거 경험으로부터 얻어 알고 있는 바를 이해하지 못하고 있다.

또한 그는 모든 인간 경험은 궁극적으로 사회적인 것이라는, 즉 모든 경험이 인간 접촉과 의사소통을 통해 이루어진다는 사실에 대해서도 충실치 못한 것이다. 도덕적인 말로 표현한다면, 성숙한 인간에게는 어떤 주어진 시기의 젊은이들이라고 할지라도 자기 스스로의 경험을 통해 갖게 되는 동정적 이해의 능력을 저해할 권리가 없다고 하겠다.

그러나 이와 같은 것들을 말하자마자 일정한 경향이, 즉, 극단적으로 반응하여, 이제 언급되어진 것을 일종의 외부로 부터의 가장된 부과를 옹호하는 것으로 받아들이려고 하는 경향이 있게 된다. 따라서 성인이 단순히 외적 통제를 부과하는 것이 아니면서도, 자기 자신의 보다 폭넓은 고유 경험을 통하여 갖추게 된 지혜를 활용할 수 있는 방식에 관하여 논의하는 것도 가치 있는 일이 될 것이다.

한편, 어떤 태도나 습관적 경향이 형성되고 있는가를 주의 깊게 살피는 것은 그 성인의 임무이다. 이러한 방향에서, 만일 교육자라면, 그는 어떤 태도가 지속적인 성장에 실제로 도움 되는 것이며 해로운 것인가를 판단할 수 있어야 한다. 뿐만 아니라 그는 개개인을 하나의 개체로 인정하는 동정적 이해심을 가져야 하며, 이는 배우고 있는 학습자들의 마음속에 실제로 무엇이 일어나고 있는가를 알게 해 준다.

부모나 교사의 입장에서 무엇보다도 필요한 것은 이러한 능력이며, 이 때문에 산 경험을 바탕으로 하는 교육 체제를 성공적으로 운영한다는 것은 전통적인 교육 형식을 따르는 것보다 더 어려운 과제가 되어진다.

그러나 그 문제의 또 다른 측면이 있다. 경험은 단순히 인간의 내부에서만 진행되는 것은 아니다. 경험이 인간의 내부에서 진행된다면 그것은 욕구와 목적에 대한 태도 형성에 영향을 미치게 된다.

그러나 이것이 이야기의 전부는 아니다. 모든 진정한 경험은 능동적인 측면이 있어서, 경험이 일어나는 객관적 여건을 어느 정도 변화시키게 된다.

광범위한 예를 하나 들면, 문명과 야만의 차이는 이전의 경험이 후속 경험이 일어나는 객관적 여건을 어느 정도 변화시키느냐에 있게 된다. 도로, 신속한 이동과 운송수단, 도구, 연장, 가구, 전등과 전력 등의 존재가 그 예가 된다. 현재의 문명화된 경험의 외적 여건들을 파괴시킨다면, 당분간 우리의 경험은 야만인의 경험으로 퇴보하게 될 것이다.

한 마디로 우리는 나면서부터 죽을 때까지 사람과 사물들의 세계에 살고 있으며, 이 세계는 대부분 과거로부터 성취되어 온 것들과 과거의 인간 활동이 전해준 것 때문에 오늘과 같이 된 것이다. 이러한 사실이 무시된다면, 경험은 마치 개인의 몸과 마음속에서만 진행되는 어떤 것으로 간주되게 된다. 말할 필요도 없이 경험은 진공 상태에서 일어나지 않는다. 개인의 외부에는 경험을 일으키는 근원이 있다. 경험은 그러한 원천으로부터 끊임없이 영양분을 섭취한다.

빈민굴에 사는 아이가 교양 있는 가정에 사는 아이와는 다른 경험을 한다는 것, 그리고 시골 소년이 도시 소년과는 다른 종류의 경험을 한다든지 바닷가에 사는 소년이 내륙 초원에서 자란 소년과는 다른 경험을 한다는 것 등은 아무도 의심하지 않는다. 보통 우리는 기록하기에는 너무 평범한 그러한 사실들을 당연한 것으로 받아들인다. 그러나 그 교육적 의미가 인정된다면, 이러한 사실들은 교육자가 부과하지 않으면서도 젊은이의 경험을 지도할 수 있는 제2의 방법을 제시해 주게 된다.

교육자의 근본적인 책임은 환경 조건에 의해서 실제 경험이 형성되는 일반 원리를 이해하는 것 뿐만 아니라, 성장으로 인도하는 경험을 하기 위해서는 무슨 환경이 도움되는지를 구체적으로 인식하는 것이다. 무엇보다도 교육자들은, 가치 있는 경험을 형성하는 데 기여 할 모든 것을 이끌어내기 위하여 존재하는 물리적 환경이나 사회적 환경을 활용할 줄 알아야 한다.

전통적인 교육은 이러한 문제에 직면하지 않았으므로 이러한 책임감에서 곧바로 벗어날 수 있었다. 책상, 칠판, 작은 운동장 등의 학교 환경으로도 충분하다고 여겨졌다. 교사는 지역 사회의 물리적, 역사적, 경제적, 직업적 여건을 잘 알아서 그것을 교육적 자원으로 활용할 줄 알아야 할 필요가 없었다.

반대로 교육과 경험의 필수적 연결에 기초한 교육 체제는, 그 원리에 충실 한다면, 그러한 사항들을 끊임없이 고려해야 한다. 교육자에게 주어지는 이러한 부담은 진보적 교육이 전통적인 체제보다 실천에 옮기기 훨씬 어렵게 되는 또 다른 이유가 된다.

교육 계획을 세우는 데 있어서, 객관적 여건을 아주 체계적으로 피교육자 개인에게 내재하는 여건에 종속시키는 것은 가능하다. 교사, 책, 기구와 설비 등, 나이 많은 이들의 보다 성숙한 경험의 산물로 대표되는 모든 것들의 역할과 기능을 젊은이의 직접적인 경향과 감정에 전적으로 종속시킬 때, 이러한 현상이 가능하다. 객관적인 요소는 외적인 통제의 부과와 개인의 자유에 대한 제한이라는 희생을 치룰 때만이 비로소 의미가 인정될 수 있다고 생각하는 모든 이론은 궁극적으로, 진정한 경험은 객관적 여건이 경험하는 개인의 내부에 진행되는 어떤 것에 종속될 때만이 가능하다는 생각에 의존 한다.

그렇다고 해서 객관적 여건이 배제될 수 있다고 생각한다는 뜻은 아니다. 이러한 여건은 내부에 들어와야 한다고 인정되고 있으며, 우리가 사물들과 인간들의 세계에 살고 있다는 사실에 대해서는 많은 동의가 되어 있다. 그러나 어떤 가정(家庭)이나 어떤 학교에서 진행되고 있는 일을 관찰해 보면, 어떤 부모와 어떤 교사는 객관적 여건이 내적 여건에 '종속되어야' 한다는 생각에 따라 행동하고 있음을 볼 수 있을 것으로 생각된다.

그러한 경우 내적 여건이 일차적이고, 어떤 의미로는 실제로 그렇기는 하지만, 일시적으로 보여 질 수 있는 그 여건이 나타나기만 한다면 그것이 전체 교육 과정(過程)을 결정해야 한다고 생각된다.

갓난 아이의 경우의 예를 들어 설명해 보자. 음식물과 휴식과 활동에 대한 아이의 욕구는 어떤 면에서는 분명히 일차적이면서도 결정적인 것이다. 영양분은 반드시 공급되어야 한다. 안락한 잠자리 등을 위해서는 일정한 마련이 있어야만 한다. 그러나 이러한 사실은, 아이가 성내고 짜증낼 때마다 부모가 아이에게 음식을 주어야 한다거나 규칙적인 식사 시간이나 수면 시간의 계획이 있어서는 안 된다는 것을 뜻하지는 않는다. 현명한 어머니는 아이의 욕구를 고려하기는 하지만, 그 욕구가 충족되는 객관적 여건을 조절해야 하는 스스로의 책임을 저버리지는 않는다. 그리고 이러한 점에서 현명한 어머니라면 전문가나 자신의 과거 경험들을 이끌어 내어, 일반적으로 어떤 경험이 정상적인 아동 발달에 가장 도움 될 것인가를 밝혀낼 것이다.

이러한 객관적 여건은 아이의 직접적인 내적 여건에 종속되어지는 대신에, 이들 직접적인 내적 상태와 특정한 종류의 '상호작용'이 일어날 수 있도록 분명하게 조절된다.

방금 사용된 바 있는 '상호작용' 이라는 말은, 경험의 그 교육적 기능과 힘을 설명하기 위한 두 번째 주요 원리를 나타내고 있다. 이 말은 경험 속의 두 가지 요소 - 객관적 여건과 내적 여건 - 모두에 동등한 권리를 부여한다. 어떠한 정상적인 경험이라도 두 가지 조건이 상호 작용을 하게 된다. 이 두 조건이 합쳐지거나 상호 작용을 할 때 우리가 '상황(situation)'이라 부르는 것을 이루게 된다. 전통적인 교육의 문제점은, 경험의 통제 하에 드는 외적 조건을 강조했다는 것이 아니라, 경험의 종류를 결정하기도 하는 내적 요인에 대해 거의 관심을 기울이지 않았다는 점이다.

그러한 교육은 상호 작용의 원리를 한 가지 측면으로는

위반했다. 그러나 이렇게 위반되었다고 해서 신 교육이 그 원리를 그 반대되는 측면에서- 이미 언급된 극단적인 '이것 아니면 저것'이라는 식의 교육 철학을 바탕으로 하는 경우를 제외하고는 - 위반해야 하는 이유는 되지 못한다.

유아 발달에 대한 객관적 여건을 조절할 필요성에서 도출된 설명은 다음과 같은 것을 지적해 준다. 첫째로 부모는 음식물이나 수면 등에 대한 아이의 경험이 일어나는 여건을 조절할 책임이 있고, 둘째로 그 책임은 축적된 과거 경험을 이용함으로써, 즉 말하자면 유능한 의사의 조언이나 정상적인 신체적 성장에 대한 전문 연구를 한 사람들의 조언으로 표현되는 것을 이용함으로써 이해될 수 있는 것이다.

그렇게 해서 주어진 지식 체계를 영양분과 수면의 객관적인 여건들을 조절하는 데 이용한다고 해서 그것이 어머니의 자유를 제한하게 되는가? 아니면 부모의 역할을 이행하는 데 있어서 자신의 지성을 넓히는 것이 그의 자유를 확대시켜 주는 것이 되는가? 의심의 여지도 없이, 만약 그러한 조언이나 지도가 맹목적인 숭배의 대상이 되어 모든 가능한 조건하에서 추종되어야 할 완고한 명령이 되어간다면, 부모와 자녀 모두의 자유를 제한하는 일이 생길 것이다. 그리고 이러한 제한은 또 다시 개인적 판단에 작용하는 지성을 함께 제한하게 된다.

어떤 측면에서 객관적 여건의 조절이 아이의 자유를 제한하게 되는가? 아이가 계속 놀고 싶어 하지만 자기 침상에 놓이게 될 때, 음식을 먹고 싶지만 먹지 못할 때, 아니면 울면서 관심을 끌려고 하지만 안아서 달래주지 못할 때, 그런 때는 아이의 직접적인 운동과 성향에 분명히 어떤 제한이 가해진다.

또한, 엄마나 보모가 막 불 속으로 넘어지려는 아이를 와락 잡아 끌 때도 제한이 일어난다. 자유에 관해서는 나중에 더 말할 기회가 있을 것이다. 지금으로서는 자유가 비교적 일시적인 사건을 기초로 하여 생각되고 판단되어야 하는 것인지, 아니면 자유의 의미가 발전적 경험의 지속성 속에서 발견되어질 수 있는 것인지를 묻는 것으로 충분하다.

개개인이 세계 속에서 산다는 말은, 구체적으로 보면, 일련의 상황 속에서 산다는 의미이다. 그리고 그들이 이러한 상황 '속에' 산다고 말할 때의 '속(in)'이라는 말의 의미는, 동전이 호주머니 '속에' 있다거나 페인트가 통 '속에' 있다고 말할 때의 그 의미와는 다르게 된다. 다시 말하면 그것은 한 개인과 사물이나 다른 사람들과의 사이에서 상호작용이 진행되고 있음을 의미한다. '상황'이라는 개념과 '상호작용'이라는 개념은 서로 분리될 수 없다.

어떤 경험이 항상 그러한 경험인 까닭은 한 개인과 그 당시의 그 환경을 구성하는 것과의 사이에서 일어나는 거래 때문이다. 여기서 환경을 구성하는 것이란 어떤 화제나 사건에 관하여 대화하고 있는 사람이며, 논의되는 주제 역시 상황의 일부분이 될 것이다.

또한 그것은 그가 가지고 노는 장난감일 수도 있고, 그가 읽고 있는 책일 수도 있으며(이 때 그의 환경 조건은 영국이나 고대 그리스나 상상의 국가일 수도 있다), 그가 행하고 있는 실험 재료일 수도 있다. 다시 말해서 환경이란 경험을 창조하기 위하여 개인적 필요 욕구, 목적과 능력 등과 상호 작용하는 모든 조건인 것이다. 심지어 어떤 사람이 공중에 누각을 세울 때에도 그는 환상 속에서 짓고 있는 대상과 상호 작용을 하고 있는 것이다.

지속성과 상호 작용이라는 두 원리는 서로 분리되어 있는 것이 아니다. 그 원리들은 서로 부딪쳐 결합한다. 말하자면 그 원리들은 경험의 종적인 면이며 횡적인 면이다. 여러 가지 상황들이 뒤를 잇는다. 그러나 지속성 원리 때문에 앞선 상황에서 다음의 상황으로 무엇인가가 전해진다. 개인이 한 상황에서 다른 상황으로 지나감에 따라 그의 세계, 그의 환경은 넓혀지거나 좁혀진다. 그는 전혀 다른 세계가 아니라, 같은 세계의 다른 부분이나 다른 측면에 살고 있음을 알게 된다. 그가 하나의 상황에서 지식과 기술에 대하여 배운 것은 뒤따르는 상황을 효과적으로 이해하고 다루는 도구가 된다. 그 과정은 삶과 학습이 이어지는 한 계속된다. 그렇지 않으면 경험의 과정은 무질서하게 된다. 왜냐하면 경험을 형성하는 데 깊이 관여하는 개인적 요소가 분열되기 때문이다.

분열된 세계, 즉 그 부분들과 측면들이 함께 얽혀 있지 않은 세계란 곧 분열된 인격의 표시이며 원인이 된다. 그 분열 상태가 일정한 정도에 이르렀을 때, 우리는 그 사람을 미쳤다고 한다. 반면 완전히 통합된 인격은 오직 계속되는 경험들이 서로 통합되었을 때만 존재하게 된다.

그러한 인격은 오직 서로 관련된 대상들의 세계가 건설되어야 이루어질 수 있다.

서로 능동적으로 통합된 지속성과 상호 작용은 경험의 교육적 의의와 가치의 척도를 제공해 준다. 그러므로 교육자의 즉각적이고 직접적인 관심은 상호 작용이 일어나는 상황이 된다. 그러한 상황에 대한 하나의 요소로서 깊이 관여하는 개인은 주어진 일정한 시간의 바로 그 사람이다. 또 다른 요소, 즉 객관적 여건이라는 요소는 어느 정도로는 교육자의 조절 능력 내에 있다.

이미 언급했듯이, '객관적여건' 이라는 말은 그 영역이 광범위하다. 그것은 교육자가 행하는 것과 그 행하여지는 방식, 즉 말하여진 내용뿐만 아니라 그 말하여지는 음성의 톤까지 포함한다. 그것은 장비, 책, 기구, 장난감 및 놀이 등을 포함한다. 그것은 개인이 상호 작용하는 재료들을 포함하며, 무엇보다도 개인이 참여하게 되는 상황의 전체적인 '사회적' 배경을 포함한다.

객관적 여건이 교육자의 조절 능력 내에 있다고 말한다면, 물론 이것은 교육자가 다른 이들의 경험과 그들이 받는 교육에 직접적으로 영향을 줄 수 있는 능력을 가지고 있기 때문에, 가치 있는 경험을 창조하도록 배우는 이들의 현재의 능력과 필요가 상호 작용을 하게 될 환경을 결정하는 의무를 지게 된다는 것을 의미한다.

진통적인 교육의 문제점은 환경을 마련해 줄 책임을 교육자가 스스로 떠맡았다는 것 때문이 아니다. 문제는 교육자가 경험을 창조하는 또 다른 요인, 즉 교육 받는 사람들의 능력과 목적이라는 요인을 고려하지 않았다는 점이다. 어떤 일련의 여건들은, 개인 내부에 일정한 내용의 반응을 일으키는 능력과는 상관없이, 본질적으로 바람직한 것으로 생각되었다.

이렇게 상호 간의 적응이 없었기 때문에 가르치고 배우는 과정은 우연한 것이 되고 말았다. 주어진 환경이 자신에게 적절했던 이들은 그럭저럭 배워나갈 수 있었다. 그렇지 않은 이들은 할 수 있는 최대의 노력으로 해나갔다. 그렇다면 객관적 여건을 선택하는 책임에는 주어진 일정한 시기에 배우고 있는 개인의 필요와 능력을 이해 해야 하는 책임이 동시에 수반되는 것이다. 일정한 교재와 방법이 어떤 다른 시기에 어떤 다른 개인들에게 효과적이었음이 입증되었다는 것으로는 충분치 않다. 그 교재와 방법이, 특정한 시기에 특정한 개인들에게 교육적인 내용을 가지는 경험을 산출하는 역할을 할 것으로 생각할 수 있는 근거가 있어야만 한다.

비프스테이크 요리를 아이에게 먹이지 않았다고 해서 그 요리의 영양적 특성에 대해 비난하고 있는 것은 아니다. 우리가 1학년이나 5학년에서 삼각법을 가르치지 않았다고 해서 삼각법에 대해 불쾌한 비난을 하고 있는 것은 아니다. 교육적인 것은, 혹은 성장에 도움 된다는 것은, 교재 그 자체가 아니다. 학습자가 이루는 성장 단계를 고려하지 않고 그 자체로, 혹은 그 내부에, 본질적인 교육적 가치를 가지고 있는 그러한 교과는 없다. 개인의 필요와 능력에 적응시킬 것을 고려하지 못하는 것은 일정한 교과와 일정한 방법이 본질적으로 교양적이라거나 본질적으로 정신 훈련에 좋다고 생각하는 근원이 되었다.

추상적으로 교육적 가치를 지닌 것이란 없다. 어떤 교재와 방법이, 혹은 일정한 사실이나 진리를 안다는 것이 그 속에, 혹은 그 자체로 교육적 가치를 지니고 있다고 생각했기 때문에 전통적인 교육은 교육 자료를 크게 줄여서 미리 소화된 교재라는 음식물로 한정해 버렸다. 이러한 생각에 따르면, 주어진 교재의 양과 난이도를 월별로, 혹은 연도별로, 양적인 등급 구조에 따라 조절하는 것으로 충분하였다. 아니라면 학생들은 외부로부터 처방된 그 교재를 알약으로 섭취할 것이 요구되었다.

만약 학생들이 그것을 섭취하지 않고 남겨둔다거나, 혹은 신체적인 게으름에 빠지고 마음이 갈피를 못잡는 정신적인 게으름에 빠져 결국 그 교과에 대하여 혐오감을 일으킨다거나 하면, 그 학생에게 잘못이 있는 것으로 간주되었다. 그 문제가 교과 내용에 있는 것인지, 아니면 교재가 제시되는 방법에 있는 것인지에 대해서는 아무런 의문이 제기되지 않았다. 상호 작용이라는 원리가 분명히 밝혀준 것은, 교재를 개인의 필요나 능력에 적응시키지 못한다면 그것은 개인이 스스로를 교재에 적응시키지 못하는 것과 꼭 마찬가지로 경험을 비교육적으로 만드는 원인이 될 수 있다는 점이다.

그러나 지속성의 원리가 교육적으로 적용된다는 것은 모든 단계의 교육 과정에서 미래가 고려되어야 한다는 것을 뜻한다. 이러한 생각은 전통적인 교육에서는 쉽게 오해되고 잘못 왜곡되었다. 전통적인 교육이 생각한 것은, 나중에(아마도 대학이나 성인 생활에) 필요하게 될 일정한 기술을 습득하고 일정한 교과를 배움으로써 당연히 학생은 미래의 필요와 환경에 대한 대비가 된다는 것이다.

그런데 '준비'라는 것은 믿을 수 없는 아이디어이다. 어떤 의미에서 모든 경험은 학생들이 보다 깊고 더 넓은 성질을 가진 나중의 경험을 준비하기 위한 어떤 것이어야만 한다. 그것이 바른 경험의 성장, 경험의 지속성, 경험의 재구성 등이 의미하는 바이다. 그러나 일정한 양의 산수, 지리, 역사 등, 미래의 어느 때인가 소용될 것이라는 이유 때문에 배우고 가르친 것을 단순히 습득함으로써 그러한 효과를 얻을 수 있다고 생각하거나, 글을 읽고 계산을 하는 기술을 습득함으로써 그 기술이 습득될 때의 여건과는 매우 다른 여건 하에서도 바르고 효과적으로 사용하기 위한 준비가 자동적으로 이루어질 수 있는 것이라고 생각하는 것은 잘못이다.

거의 대부분의 사람들은 때로 자신의 학교 시절을 돌아보면서 학교생활 동안 자신이 쌓아 왔다고 생각되었던 지식들이 어떻게 되었는지, 그리고 왜 자신이 습득한 전문적 기능들이 필요한 데에 도움이 되는 것이 되기 위해서는 변형된 형태로 또다시 배워져야만 하는가를 궁금해 한다. 참으로 발전을 위하여, 즉 지적인 발전을 위하여, 자신이 학교에서 배운 대부분의 것을 잊어야 할 필요가 없는 사람은 행복한 사람이다.

이러한 문세들은, 그러한 교과들이 실제로 배워지지 않은 것이라고 말하면서, 적당히 넘길 수는 없게 된다. 왜냐하면 그 교과들은 적어도 학생들이 그 교과의 시험에 통과할 수 있을 만큼은 충분히 배워졌었던 것이기 때문이다.

한 가지 문제는 문제의 교과가 배의 방수 구획실 같은 상태로 배워졌다는 것, 즉 말하자면 밀폐된 방에 있는 상태로 배워졌다는 것이다.

그러므로 그 교과들이 지금 어떻게 되었으며 어디로 가버렸는가를 묻는다면, 그 올바른 답은 그 교과가 처음에 틀어넣어진 그 특정한 방에 여전히 그대로 있다는 것이 될 것이다.

만일 그 교과가 습득된 여건과 똑같은 여건이 되풀이된다면, 그 교과도 또한 재생되어 유용하게 될 것이다. 그러나 그 교과가 습득될 때 격리되어 있었고, 따라서 다른 경험과 연관되어 있지 않았으므로 실제 삶의 여건 하에서는 유용하지 못하게 된다. 이런 종류의 학습이 당시에는 아무리 철저히 뿌리박히게 하더라도, 진정한 준비가 될 것이라고 보는 경험의 법칙과는 반대되는 것이다.

준비시키지 못한 실책은 여기서 끝나지 않는다. 아마도 모든 교육적 오류 중에서도 가장 큰 오류는 사람이 일정한 시기에 학습하는 특정한 것만 배우게 된다고 보는 생각일 것이다. 지속적인 태도, 즉 좋아하고 싫어하는 등의 지속적인 태도를 형성하게 되는 부수적인 학습이, 배워지는 철자 학습이나 자리 혹은 역사 학습보다 훨씬 더 중요할 수 있으며 또한 흔히 그러한 것이다.

왜냐하면 이러한 태도가 근본적으로 미래에 중요한 것이기 때문이다. 형성되어질 수 있는 가장 중요한 태도는 학습에 대한 욕구이다. 이러한 방향의 충동이 강화되지 않고 오히려 약화된다면, 단순히 준비가 되어 있지 않다는 것 이상의 어떤 난점이 생겨나게 된다.

학생들은, 만약 그렇지 않다면 자신의 삶의 과정에서 직면하게 되는 환경에 대처할 수 있게 하는, 선천적인 능력을 실제로 빼앗기게 된다. 어떤 이들은 학교 교육은 거의 받지 않았으면서도 정규 학교 교육을 받지 않았다는 것이 긍정적인 자산이 되는 경우를 종종 보게 된다. 그들은 최소한 자신들의 선천적인 상식과 판단력을 지키고 있으며, 그것을 실제 생활 여건 속에서 실천함으로써 자신의 경험으로부터 배울 수 있는 능력이라는 귀중한 선물을 갖게 된다.

만일 학습 과정에서 어떤 이가 자기 자신의 영혼을 잃게 된다면, 즉 어떤 사물의 보람을 살펴 알지 못하며 이러한 사물들과 관련된 가치를 판단하지 못한다면, 그리고 만약 자신이 배운 바를 적용하려는 욕구를 상실하고 무엇보다도 미래의 경험으로부터 그 의미를 파악할 수 있는 능력을 잃게 된다면, 지리나 역사에 관하여 미리 처방된 양의 정보를 얻는다거나 읽고 쓰는 능력을 얻는다는 것이 무슨 소용이 있겠는가?

그렇다면 교육적인 의도에서 볼 때 준비의 참된 뜻은 무엇인가? 첫째로 그것은 어린 사람이든 나이든 사람이든지 간에, 자신의 현재 경험으로부터 그 경험을 하게 되는 때에 경험 속에 있는 모든 것을 자신을 위해 이끌어 내는 것을 의미한다. 준비가 억제된 목적을 위한 대비가 된다면,

현재의 잠재적 가능성은 상정된 미래에 희생되게 된다. 이러한 일이 일어난다면, 미래를 위한 실제적인 준비는 빗나가게 되거나 왜곡되어 버린다. 단순히 미래를 위한 대비를 위하여 현재를 이용한다는 이상은 그자체가 모순이다. 그러한 이상은 어떤 사람이 자신의 미래에 대한 준비를 할 수 있게 되는 바로 그 여건을 게을리 하거나 도외시하게 된다.

우리는 언제나 어떤 다른 시간이 아닌, 우리가 살고 있는 바로 그 시간에 살고 있으며, 오직 개별적인 그 시간들로부터 각각의 현재 경험의 완전한 의미를 이끌어 냄으로써만 우리는 미래에도 똑같은 것을 할 수 있는 준비를 하게 된다. 이것이야말로 결국 어떤 것의 준비가 될 수 있는 유일한 것이다.

이 모든 것은 각각의 현재 경험에 가치 있는 의미를 부여하는 그 여건에 세심한 주의를 기울여야 한다는 것을 의미한다. 현재의 경험은 그것이 즐거운 것이기만 한다면 별 차이가 없다는 생각과는 달리, 그 결론은 분명히 정반대가 되어 진다. 여기에 또 다른 문제, 즉 하나의 극단으로부터 다른 극단으로 쉽게 반작용한다는 문제가 있게 된다. 전통적인 학교는 멀면서도 상당히 알려지지 않은 미래에 대하여 현재를 희생하는 경향이 있었으므로, 교육자는 젊은이가 체험하게 되는 현재 경험의 종류에 대한 책임을 거의지지 않았다. 그러나 현재와 미래의 관계는 '이것 아니면 저것'이라는 식의 관심사가 아니다.

어쨌든 현재는 미래에 영향을 미친다. 그 둘 사이의 관계에 대해 조금이라도 알고 있는 사람은 바로 이미 성숙한 사람이다. 따라서 미래에 대한 좋은 영향을 주는 종류의 현재 경험을 위한 여건을 마련할 책임은 성숙 자에게로 돌아간다. 성장, 혹은 성숙으로서의 교육은 끊임없는 현재의 과정이어야 한다.

제4장

사회적 통제

제4장

사회적 통제

교육을 생활 경험의 관점에서 보기 때문에, 교육 계획이나 교육 기획은 지적 이론이나, 이를테면, 경험 철학과 같은 것을 구성하고 채택하는 데 전념해야 한다고 말해 왔다. 그렇지 않으면 우연히 불어오는 어떠한 지적 미풍도 그 교육 계획을 마음대로 해버릴 것이다.

경험을 구성하는 데 근본이 되는 두 원리, 즉 상호 작용과 지속성의 원리에 대한 주의를 환기시키면서 그러한 이론이 필요함을 설명하려고 노력해 왔다. 따라서 만일 비교적 추상적인 철학을 설명하는 데 왜 그렇게 많은 시간을 할애했느냐는 질문을 받게 된다면, 그것은 교육이 생활 경험 속에서 발견되어야 한다는 생각에 바탕을 둔 학교를 개발하려는 실제적 노력이, 그 노력이 경험이 무엇인가 하는, 그리고 교육적 경험을 무교육적(non-edu-cative)이거나 비교육적인(mis-educative) 경험으로부터 구분하는 어떤 개념에 의해 인도되지 않는다면, 모순과 혼란 만을 보이게 될 것이기 때문이다. 이제 일련의 실제적인 교육적 문제에 이르렀으며, 이 문제들의 논의를 통해 이제까지의 논의보다 더 구체적인 논제와 자료들이 제시될 것이다.

경험의 가치 기준으로서의 지속성과 상호 작용이라는 두 원리는 매우 밀접하게 관련되어 있어서, 어떤 특정한 교육 문제를 먼저 다룰 것인지를 말하기가 쉽지 않다. 편의상 교과 내용이나 학과의 문제와 수업과 학습 방법의 문제로 나눈다고 하더라도 논의의 주제를 선택하고 조직하지 못하게 될지도 모른다.

결국 논제의 시작과 순서는 다소간 임의적인 것이 된다. 하지만 개인적 자유와 사회적 통제라는 오래된 문제로 시작하여 여기서 자연스럽게 생겨나는 문제들을 다루어 나갈 것이다.

교육 문제를 살피는 데 있어 잠시 학교를 무시하고 다른 인간적 상황을 생각해 보면서 시작하는 것도 때로는 좋은 일이다. 보통의 선량한 사람도 사실상 상당한 정도의 사회적 통제의 대상이 되고 있으며 이러한 통제의 상당 부분은 개인적 자유의 침해로서 느껴지지 않고 있다는 점을 부정할 사람은 거의 없을 것이라고 생각한다.

자신의 철학 때문에 국가나 정부의 통제가 완전한 악이라고 생각하는 이론적 무정부주의자들조차도, 국가가 없어진다면 다른 사회적 통제 형태가 작용할 것이라고 믿고 있다. 즉 사실 그가 정부의 체제에 반대하는 것은, 국가가 없어지면 보다 정상적인 다른 통제 형태가 생겨날 수 있을 것이라는 믿음에서 비롯된 것이다.

이러한 극단적인 입장을 취하지 말고, 일상생활 속에서 작용하는 몇 가지 사회적 통제 사례들을 주목하면서 그 근저에 있는 원리들을 살펴보자.

우선 어린이들에 대해서부터 시작하자. 어린이들은 휴식 시간이나 방과 후에 술래잡기나 고양이 놀이를 비롯하여 야구나 축구 등의 놀이를 한다. 그 놀이에는 규칙이 있어서 이 규칙이 아이들의 행동을 규제한다. 그 놀이는 아무렇게나 진행되지는 않으며, 즉흥적인 행동의 연속으로 진행되지도 않는다. 규칙 없이는 어떤 놀이도 없게 된다. 논란이 벌어진다면 이를 호소할 심판이 있으며, 협의나 조정과 같은 것도 그 해결의 수단이 된다. 그렇지 않으면 그 놀이는 깨어져 끝나버린다.

이러한 상황에 아주 분명한 통제 요소들이 있으며, 그 요소들에 주목해 보자.

첫째는 그 규칙이 놀이의 일부라는 점이다. 규칙이 놀이의 밖에 있는 것은 아니다. 규칙이 없으면 놀이도 없다. 규칙이 다르면 놀이도 다르다. 그 놀이가 상당히 순조롭게 진행되는 한, 선수들은 외부적 통제를 받는 다기 보다는 놀이를 하고 있다고 느끼게 된다.

둘째로 어떤 사람은 때로는 어떤 결정이 공정하지 않다고 생각하며 화를 내기도 한다. 그러나 그가 반대하고 있는 것은 규칙이 아니라 그가 주장하는바 규칙의 위반, 즉 어떤 일방적이고 불공정한 결정에 대해 반대하는 것이다.

셋째로 규칙들, 즉 놀이 행위들은 상당히 표준화되어 있다. 승부를 정하고 편을 가르는 일 뿐만 아니라 위치를 결정하고 동작을 취하는 등의 일에 대한 공인된 방식이 있다. 이러한 규칙은 전통과 선례라는 규정에 의해 인정된다. 그 놀이를 하는 선수들은 아마도 프로 시합을 보았을 것이며, 그 선배들을 모방하고 싶어 한다. 인습적인 요소는 아주 강력하다. 보통 어린이 집단은 그들이 모델로 삼는 어른 집단 스스로가 규칙을 바꿀 때만 자신들이 노는 규칙을 바꾸게 되지만, 반면에 어른 집단이 바꾸는 것은 경기가 관중들에게 보다 기교적이고 보다 흥미 있게 될 수 있다고 여겨지는 경우가 된다.

이제 이끌어내고자 하는 일반적인 결론은 개인행동의 통제가 개개인이 관련되어 있는 전체적인 상황, 즉 개개인이 그 상황 속에 함께하면서 협조적이며 상호 작용하는 각 부분이 되는 그러한 상황의 영향을 받는다는 점이다. 심지어 경쟁적인 시합에서 조차도 일정한 종류의 참여, 공통된 경험의 공유가 있게 되기 때문이다.

바꾸어 말하면 시합에 참여하는 사람은 자신이 어떤 개인의 지배를 받는다거나 외부의 어떤 우월한 이의 의지에 종속되어 있다고 생각하지는 않는다. 격렬한 논쟁이 벌어졌다면, 그것은 흔히 심판이나 상대편의 어떤 사람이 불공정하다는 사실에, 즉 다시 말하면, 이러한 경우 어떤 개인이 자신의 개인적 의지를 어떤 다른 사람에게 부과하려고 하고 있다는 사실에 근거하는 것이다.

이러한 사례가 자유를 침해하지 않으면서도 개인에 대해서 사회적 통제를 한다는 일반 원리를 설명해 주고 있다고 주장하는 것은 하나의 단순한 경우를 지나치게 확대하는 것으로 보일 수 있다.

그러나 만일 그 문제가 여러 경우에서 도출된 것이라면, 이 특정한 사례가 하나의 일반 원리를 설명 해 준다는 결론이 정당화될 것으로 생각한다. 놀이는 일반적으로 경쟁적이다.

예컨대 상호 신뢰감이 있는 잘 정돈된 가정생활에 있어서처럼, 집단의 모든 구성원이 참여하는 협동적인 활동을 예로 든다면 그 요점은 더욱 분명해진다. 이 모든 경우에 있어서 질서를 확립해 주는 것은 한 사람의 의지나 욕구가 아니라 집단 전체의 역동하는 정신이다. 그 통제는 사회적인 것이지만, 개인은 공동체 밖에 있는 것이 아니라 공동체의 일부분이 된다.

이것은 말하자면 부모의 권위가 관여하거나 아주 직접적인 통제를 가하는 경우가 있어서는 안 된다는 것을 의미하는 것은 아니다. 그러나 말하고자 하는 바는 첫째로 그러한 경우는 모두가 참여하는 상황에 의해 통제가 행해지는 경우에 비해 그 수가 적다는 점이다.

그리고 훨씬 중요한 것은 문제의 권위가 잘 정돈된 가정이나 다른 공동체 집단 내에서 행해질 때는 단순한 개인 의지의 표명이 아니라는 점이다. 즉 부모나 교사는 전체 집단의 이익을 대표하거나 대행하는 것으로서 그 권위를 행사한다.

첫 번째 요점과 관련하여, 잘 정돈된 학교에서 이러저러한 개인을 통제하는 데 주로 의존하는 것은, 수행되어지는 활동과 이러한 활동이 유지되는 상황이 된다. 교사는 자신이 개인적으로 권위를 행사해야 하는 경우를 최소한으로 줄인다. 두 번째로, 엄격하게 말하고 행동할 필요가 있을 때는 그것이 개인적 힘의 과시가 아니라 집단의 이익을 위한 것이어야 한다. 이것이 자의적인 행동과 정당하고 공정한 행동을 구분해 주는 것이 된다.

이러한 차이가 더욱이 경험을 통해 느껴지기 위하여 교

사나 아이들에 의해 말로 정형화되어질 필요는 없게 된다. 개인적인 힘이나 지시하고자 하는 욕구에서 유발된 행동과 모든 사람의 이익을 위한, 즉 공정한 행동 사이의 차이를 느끼지 못하는 어린이들의 수는(비록 그들이 그 차이를 분명하게 말하거나 그것을 지적인 원리로 바꾸어 표현하지는 못한다고 하더라도) 매우 적다. 대체로 어린이들이 어른보다 이러한 차이의 사인이나 징후에 대하여 더 민감하다고 기꺼이 말하고 싶다. 어린이들은 다른 아이들과 놀면서 그 차이를 배우게 된다. 그들은 자신들이 하고 있는 행위의 경험적 가치를 높인다면 기꺼이, 흔히 너무나도 기꺼이, 다른 어린이의 제안을 받아들여, 지시를 따르는 것은 싫어하면서도 그를 지도자로 삼는다. 그러다가 그들은 때로는 그런 일을 철회하고서는, 그 이유를 물으면 이러저러한 일이 '너무 위압적이기' 때문이라고 말한다.

전통적인 학교에 대하여 그림대신 풍자화를 내세우는 방식으로 언급하고 싶지는 않다. 그러나 교사의 개인적 명령이 흔히 부당한 역할을 했거나 그 학교에서의 질서가 성인의 의지에 대한 순전히 복종으로 보여 졌던 이유는, 상황이 교사에게 그러한 것을 거의 강요하다시피 하였기 때문이라고 본다. 학교는 공동 활동에 참여함으로써 이루어지는 집단이나 공동체가 아니었다. 따라서 정상적이며 적절한 통제 여건이 결여되어 있었다.

그러한 여건이 없는 대신 '질서를 바로 잡는다'고 흔히 일컬어지는 교사의 직접적인 간섭이 있었고 또한 상당한 정도로 지금까지도 그래 왔다. 질서는 행해지고 있는 공유된 작업 내에 있지 못하고 교사의 손아귀에 있었으며, 때문에 교사가 질서를 잡아야만 했다.

결론적으로, 새 학교라고 불리는 것 속에서는 사회적 통제의 주요 근원이, 모든 개인이 공헌할 기회를 가지며 모두가 책임감을 갖는 사회적 사업으로서 행해지는 일의 본질 바로 그 속에 있게 된다. 대부분의 어린이들은 자연적으로 '사교적'이다. 고립은 어른에게 보다는 이들에게 훨씬 더 지겨운 일이다. 진정한 공동체 생활은 이러한 자연적인 사교성에 근거를 두고 있다.

그러나 공동체 생활은 그 자체가 순전히 자발적으로 지속적인 방식으로 조직되는 것은 아니다. 사고와 사전 계획이 필요하다. 교육자는 개개인에 대한 지식과 교과 내용에 대한 지식을 가져야 할 책임이 있으며, 그러한 지식은 사회적 기구에 공헌하게 될 활동을 선별할 수 있게 하며, 그 사회적 기구 속에서는 모든 개개인은 무엇인가에 기여할 수 있는 기회를 가지며 모두가 참여하는 활동이 주된 통제의 주체가 되는 것이다.

나는 모든 학생이 모든 경우에 대해 반응할 것이라거나 정상적인 강한 충동을 가진 어린이라면 모든 경우에 대해 반응할 것이라고 생각할 만큼 젊은이에 관하여 낭만적이지는 않다. 학교에 올 때 이미 학교 밖의 유해한 환경의 희생물이 되어 있는 학생들도 있을 수 있고, 너무 수동적이고 지나치게 유순해져서 아무런 기여도 하지 못하는 학생들도 있을 수 있다.

또한 이전의 경험 때문에 거만하고 거친, 그래서 노골적으로 반항적인 학생도 있을 것이다. 그러나 그러한 경우들을 가지고 사회적 통제의 일반 원리를 단정할 수 없다는 것은 분명하다.

그리고 어느 일반적 원리라도 이러한 경우를 다루기 위하여 설정될 수 없음도 확실하다. 교사는 이러한 경우들을 개별적으로 다루어야 한다. 그들은 일반적인 부류로 분류되지만, 어느 두 가지도 똑 같은 경우는 없다. 교육자는 최선을 다하여 저항적인 태도를 가져온 원인을 밝혀내야 한다. 교육 과정이 계속 진행되어야 한다면, 교육자는 누가 더 강한가를 알기 위하여 한 사람의 의견과 다른 사람의 의견을 대항시켜 문제 삼을 수는 없으며, 더구나 거칠고 비참여적인 학생이 다른 사람의 교육 활동을 계속 방해하도록 놔둘 수도 없다.

어쩌면 제외시켜버리는 것이 그 경우에 할 수 있는 유일한 조치일지도 모르나, 그것은 해결책이 못된다. 그것은 주의를 끌려는 욕구나 과시하려는 것과 같은 바람직하지 못한 반사회적 태도를 일으켜 온 원인 자체를 더욱 강화시킬 수도 있기 때문이다.

예외라는 것도 드물게는 어떤 규칙을 증명해 주거나 규칙은 어떠해야 하는가에 대한 실마리를 제공해 주기도 한다. 부모가 진보적 학교를 최후의 피난처로 생각하여 자녀들을 보낼 수도 있기 때문에, 현재로서는 진보적 학교가 이러한 예외적인 경우들을 그들의 감당량보다 더 많이 다루고 있는 것이 사실이기는 하지만, 이러한 예외적인 경우를 너무 중요시하지는 않을 것이다.

진보적 학교에서 보이는 통제 상의 약점이 이러한 예외

적인 경우 때문에 생긴다고 생각하지는 않는다. 오히려 그것은 미리 학생 개개인이 무엇을 해야 하고 또 어떻게 해야 하는가에 관하여 스스로 통제를 할 수 있게 하는 상황을 창조해 주는 작업의 내용(참여하는 모든 종류의 활동을 의미한다)을 마련하지 못한 데서 일어나는 것 같다.

이러한 잘못은 흔히 충분히 심사숙고한 사전 계획의 부족에 기인한다. 이러한 부족의 원인은 다양하다. 이와 관련하여 언급되어야만 할 특히 중요한 원인은 그러한 사전 계획이 불필요하다는 생각과, 심지어 사전 계획은 배우는 사람의 정당한 자유와 본질적으로 대치된다고 하는 생각이다.

물론 교사에 의해 준비된 계획이 경직되고 지적으로 융통성 없는 방식으로 이루어져서 결국 성인에 의한 부과가 되어버리는 것도 충분히 가능하다. 기교와 개인의 자유에 대한 존중과 유사한 방식을 동원하더라도, 그것은 외적인 것에 지나지 않게 된다.

그러나 이러한 종류의 계획은 본질적으로 관련된 원리를 따르는 것이 아니다. 모든 사람이 공동 계획에 참가하고 있다는 단순한 사실로부터, 개인적 충동에 대해 통제를 할 수 있는 공동체 활동과 구성에 도움이 되는 여건을 교사가 마련할 수 없다면, 교사의 높은 성숙과 세계와 교과 내용 및 개개인에 대한 교사의 엄청난 지식은 무엇을 위한 것인지 알 수 없게 된다.

지금까시의 사전 계획이 너무 상투적인 것이어서 개인적 사고를 자유롭게 하거나 독특한 개인적 경험에 따른 기여를 위한 여지를 거의 남겨 두지 않았다고 해서, 모든 계획이 부정되어져야 하는 것은 아니다. 반대로 교사에게는 보다 지적인, 때문에 더욱 어려운, 종류의 계획을 세워야 할 의무가 있다.

교사는 자기가 다루고 있는 특정한 개인들의 능력과 필요성을 파악해야만 하며, 동시에 그러한 필요성을 충족시켜 주고 그러한 능력을 개발시켜 주는 경험을 위한 교재와 내용을 제공해 주는 여건을 마련해야 한다. 이 계획은 경험의 개별성을 위한 자유로운 역할이 허용될 수 있도록 융통성이 있어야 하며, 동시에 능력이 지속적으로 발달되는 쪽으로 방향을 제시할 수 있도록 확고한 것이어야 한다.

지금이 교사의 직분과 역할에 관한 어떤 말을 하기에 적합한 것으로 보인다. 상호 작용을 통하여 경험의 발달이 이루어진다는 원리는 교육이 본질적으로 사회적 과정임을 의미한다.

이러한 특징은 공동체 집단을 형성하는 개개인들에게서 나타나게 된다. 교사를 그 집단의 구성원에서 제외시키는 것은 불합리한 것이 된다. 그 집단의 가장 성숙한 구성원인 교사는 공동체로서의 그 집단이 갖는 삶 그 자체인 상호 작용과 상호 의사소통이 이루어질 수 있게 하기 위한 특정한 책임을 지게 된다.

어린이들은 그들의 자유가 존중되어야만 하는 개체인 반면, 보다 성숙한 사람은 한 개체로서의 어떠한 자유도 가질 수 없다고 하는 것은 너무 불합리하여 논박 할 가치조차도 없는 생각이다.

교사를, 자신이 구성원의 일부분인 공동체의 활동 방향을 제시하는 데 있어서, 적극적이며 주도적인 역할로부터 제외시키려는 경향은 한 극단에서 다른 극단으로 반작용하는 또 다른 예가 된다.

학생들이 사회적 집단이 아니라 학급이라면, 교사는 불가피하게 대체로 외부로부터 행위를 부과할 수 있을 뿐, 모두가 공유하는 교류 과정에서의 지도자로 행하지는 못한다. 교육이 경험을 바탕으로 하고 교육적 경험이 사회적 과정으로 간주된다면, 상황은 완전히 바뀌게 된다. 교사는 외적 보스나 감독자로서의 지위는 잃지만, 집단 활동의 지도자로서의 지위를 갖게 된다.

정상적인 사회석 통제의 예로서 놀이 행위를 논의하면서, 표준화된 인습적 요소가 있다고 언급한 적이 있다. 학교생활에 있어서 이러한 요소에 대응되는 것으로는 예절의 문제, 특히 공손함과 정중함에서 보이는 좋은 예절이 된다.

인류 역사상 지구상의 상이한 시기에 상이한 지역에서 있었던 관습에 관하여 많이 알면 알수록 시대와 장소에 따라 예절이 얼마나 상이한가하는 점을 더 많이 알게 된다.

이러한 사실은 수많은 복잡한 인습적 요소가 있음을 입증해 준다. 그러나 언제 어디서나, 이를테면 다른 사람에게 인사를 하는 적절한 방식과 관련된 어떤 예절 규정 같은 것을 갖지 않는 집단은 없다. 인습을 형성하는 특정한 형식에는 고정되거나 절대적인 것은 없게 된다.

그러나 어떤 형식의 인습이 있다는 것 자체가 인습은 아니다. 그것은 모든 사회적 관계에 따라다니는 제복과 같은 것이다. 적어도 그것은 마찰을 방지하거나 줄여 주는 윤활유이다.

물론 이러한 사회적 형식이 흔히 말하는 '단순한 의례적 행위'로 될 수도 있다. 그 형식은 아무런 뜻도 없는 단순한 외형적 꾸밈일 수도 있다. 그러나 사회적 교류에 있어서 허식적인 의례 형식을 피한다고 하는 것이 모든 형식적 요소를 거부해야 한다는 것을 뜻하는 것은 아니다. 그것은 오히려 본질적으로 사회적 상황에 적절한 교류 형식을 발전시켜야 할 필요가 있음을 지적해 준다.

몇몇 진보적 학교를 방문한 사람들은 예절이 결여되어 있음을 발견하고는 충격을 받는다. 그 상황을 더 잘 알고 있는 사람은 어느 정도 예절이 결여된 원인이 어린이들이 자기가 하고 있는 일을 계속해나가려는 열렬한 흥미 때문임을 알아챈다. 그 열렬함에 빠져 그들은, 이를테면, 서로 부딪히고 방문객들과 부딪히면서도 사과의 말 한마디도 없게 된다. 어떤 이는 이러한 상황이 학교 내의 활동에 있어 지적, 감정적인 흥미를 갖지 않은 채 단순히 외적인 격식만을 보이는 것보다는 낫다고 말할지도 모른다. 그러나 이것은 역시 교육상의 실패를, 즉 삶에 대한 가장 중요한 한 가지 교훈, 즉 상호 간의 조화와 적응이라는 교훈을 배우지 못하는 실패를 보여 주는 것이다. 교육이 한쪽 측면으로만 진행되고 있는 것이다. 왜냐하면 다른 사람들과의 평이 하면서도 손쉬운 접촉과 의사소통으로부터 싹트는 미래의 학습 방식을 저해하는 태도와 습관이 형성되고 있기 때문이다.

제5장
자유의 본질

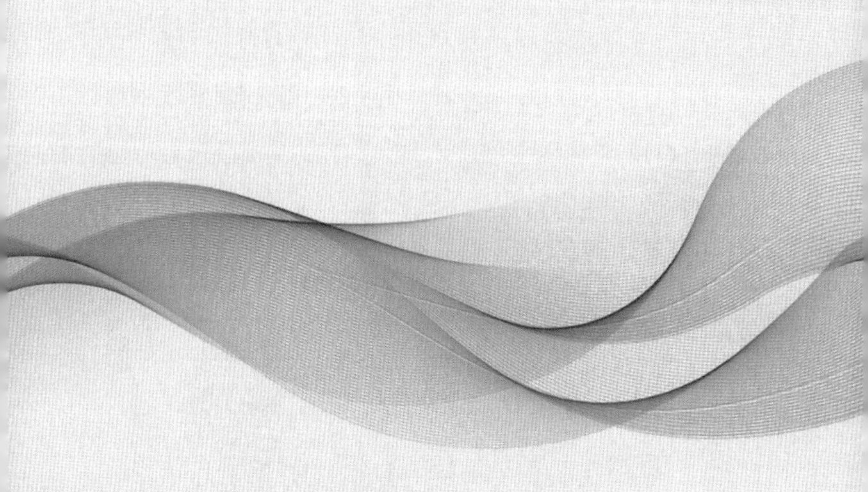

제5장

자유의 본질

자주 말해온 것이 되풀이되기는 하지만, 사회적 통제에 대한 다른 측면의 문제, 즉 자유의 본질에 관하여 논의하고 싶다. 지속적인 중요성을 지니는 자유는 오직 지적인 자유, 즉 본질적인 가치를 갖는 목적을 위하여 행해지는 관찰과 판단의 자유뿐이다.

자유에 관한 가장 일반적인 잘못은 그것을 운동의 자유, 혹은 활동의 외적이며 신체적인 측면과 동일시하는 것이라고 생각한다. 그러나 이러한 외적이며 신체적인 활동 측면은 내적인 활동 측면, 즉 사고나 욕구 및 목적의 자유와 분리될 수 없다. 책상 열이 고정되어 있고 정해진 어떤 신호에 의해서만 움직이도록 된 군대식 학생 통솔이 있는 전형적인 전통적인 학교 교실에서의 고정된 배열은, 외면적 행동에 제약을 가함으로써 지적인 자유와 도덕적인 자유를 크게 제한한다. 개개인의 성장 가능성이 순수하면서도 지속적인 정상적 성장을 보장하는 데 꼭 필요한 자유의 지적 원천 속에 있는 것이라면, 죄수를 구속하는 것과 같은 절차는 없어져야 한다.

그러나 외적 운동의 자유의 양이 증가했다는 것은 하나의 '수단'일 뿐 목적이 아니라는 사실은 여전히 남아 있다. 이러한 측면의 자유가 얻어졌다고 해서 교육 문제가 해결되는 것은 아니다.

따라서 교육이 관련되는 한, 모든 것은 이렇게 증가된 자유를 가지고 무엇을 하느냐에 달려 있다. 그러한 자유가 무슨 목적에 쓰여 지는가? 거기에서 어떤 결과가 나오는가? 우선 외적 자유의 증가 속에 잠재되어 있는 이점을 말해 보자.

첫째로 외적 자유 없이는 교사가 자신이 관계하는 개인들에 대한 지식을 실제로 얻을 수 없다. 강요된 정숙과 복종은 학생들로 하여금 자신들의 참된 성품을 내보이지 못하게 한다. 그들은 인위적인 획일성을 기르고 있다. 그들은 있는 그대로의 것보다는 보이는 것을 앞세운다. 그들은 주의와 단장 및 복종 등의 외양을 지키는 것을 더 중요시한다.

이러한 체제가 보급된 학교에 대해서 잘 알고 있는 사람이라면 누구나 이러한 겉모습 뒤에는 사고와 상상과 욕구와 남모르게 하는 활동이 멋대로 행해지고 있음을 잘 안다. 이러한 것들은 어떤 불미스런 행동이 밝혀질 때만 교사에게 알려진다.

이처럼 고도의 인위적인 상황은 학교 교실 밖의 정상적인 인간관계, 말하자면 잘 정돈된 가정과 비교해 볼 때, 그것이 교육 받은 것으로 가정되어진 개인들에 대한 교사의 접촉과 이해에 얼마나 치명적인 것인가를 알게 된다.

그러나 이러한 통찰이 없다면, 학습 자료와 수업에 사용되는 방법이 개인에게 감명을 주어서 그의 정신이나 성격이 실제로 발달하는 경우는 우연한 일이 될 뿐이다. 거기에는 악순환이 있게 된다. 학습과 방법을 기계적으로 통일시키는 것은 일종의 획일적으로 고정된 상태를 낳고, 이는 학습의 획일성과 암기의 획일성을 영속화한다. 반면 이렇게 강제적인 획일성 뒤에서 각 개인의 성향은 다소 금지된 방식으로, 혹은 비정상적으로 작용하게 된다.

외적 자유의 증가에 따른 또 다른 중요한 이점은 학습 과정의 본질 자체에서 발견될 수 있다. 옛날 방법이 피동성과 수용성을 중요시했다는 점은 이미 지적한 바 있다. 신체적인 복종은 이러한 특성들을 더욱 강조하게 하였다. 표준화된 학교에 이러한 특성을 피할 수 있는 유일한 길은 비정상적이고 어쩌면 반항적이기도 한 활동뿐이었다. 실험실이나 작업실에 완전한 정숙이란 있을 수 없다. 전통적인 학교의 반사회적 특성은 그러한 학교가 침묵을 최고의 미덕으로 내세웠다는 사실에서 찾아볼 수 있다. 물론 외적인 신체적 활동이 따르지 않는 강한 지적 활동 같은 것이 있을 수 있다.

그러나 이러한 지적 활동 능력은 오랜 기간에 걸쳐 계속되어진 이후 비교적 늦게 성취되는 특징을 지닌다. 어린이라고 하더라도 조용한 사색을 위한 잠깐씩의 짧은 시간은 분명히 있어야 한다. 그러나 이러한 시간들은 그것이

보다 많은 시간의 외적인 활동 다음에 이루어질 때, 그리고 두뇌를 제외한 손이나 기타 신체의 다른 부분의 활동을 통하여 얻어진 것들을 체계화하는 데 이용될 때만이 진정한 반성의 시간이 된다. 운동의 자유 역시 정상적인 신체적 정신적 건강을 유지하는 수단으로서 중요한 것이다.

우리는 건전한 신체와 건전한 정신과의 관계를 분명하게 알았던 그리스 사람들의 예에서 아직도 배우고 있다. 그러나 이미 언급된 모든 측면에서 살필 때, 외적 행동의 자유는 심사숙고 끝에 선택한 목적을 실행에 옮기기 위한 판단과 능력의 자유에 대한 수단일 뿐이다.

외적 자유의 필요량은 개인마다 다르다. 외적 자유가 전혀 없다면 성숙한 개인마저 지적인 활동의 대상을 제공하는 새로운 자료와 접하지 못하게 되기는 하지만, 성숙해감에 따라 외적 활동의 필요성은 감소된다. 성장의 수단으로서의 이러한 자유로운 활동의 양과 질은 모든 발달 단계에 있어서 교육자의 숙고를 필요로 하는 문제이다.

그러나 이러한 자유를 그 자체로서 목적으로 취급하는

것보다 더 큰 잘못은 있을 수 없다. 그렇게 되었을 때 이는 질서의 원천인 공유된 협력 활동을 깨뜨리는 경향이 있다. 그러나 다른 한편으로 이는 적극적이어야 할 자유를 소극적인 어떤 것으로 바꾸어 버린다. 소극적인 측면인 제약으로부터의 자유는 어떤 힘이 되는 자유에 대한 수단으로서만 소중히 여겨져야 하며, 그 힘이란 목적을 형성하고 현명하게 판단하며 욕구에 따라 행동을 함으로써 얻어지게 되는 결과를 가지고 그 욕구를 평가하는 힘과, 선택한 목적을 실천에 옮기기 위한 수단을 선정하고 정리하는 힘을 말한다.

자연적인 충동과 욕구는 어느 경우에 있어서나 출발점이 된다. 그러나 처음 나타나는 충동과 욕구의 형태를 재구성하거나 개조하지 않는다면 지적 성장은 없게 된다. 이러한 개조에는 최초의 충동을 제지하는 것이 포함된다. 외적으로 부과된 제지와 다른 점은 개개인 자신의 반추와 판단을 통한 제지라는 것이다. '멈추어 생각하라'는 옛 문구는 건전한 심리학이다.

왜냐하면 생각한다는 것은, 충동을 다른 가능한 행동 경향과 연관시켜서 더욱 포괄적이고 일관성 있는 활동 계획이 형성될 때까지 그 충동의 즉각적인 표명을 멈추는 것이기 때문이다.

어떤 행동 경향들은 객관적인 여건들을 관찰하기 위해 눈, 귀, 손 등을 이용하게 하며, 다른 경향들은 결국 과거에 일어났던 일에 대한 회상을 하게 된다. 따라서 사고란 즉각적인 행동을 연기하는 것이고, 이것의 결과는 관찰된 사항과 기억의 결합을 통해 충동을 내적으로 통제하는 것이며, 그러한 결합이 반성(reflection)의 핵심이다.

지금까지 말한 것은 '자제'라는 흔히 쓰는 문구의 의미를 설명하고 있다고 하겠다. 교육의 이상적인 목표는 자제력을 창조하는 것이다. 그러나 외적 통제를 단순히 제거해 버리는 것이 자제라는 결과를 보증해 주지는 않는다.

기름 냄비에서 불 속으로 뛰어 들기는 쉽다. 다시 말하면 단지 또 다른 더욱 위험한 외적 통제 형태에 들어가기 위해 한 가지의 외적 통제 형태에서 벗어나는 것은 쉬운 일이다. 지성에 의해 정리되지 않은 충동과 욕구는 우연적인 환경의 통제 하에 들게 된다. 다른 사람의 통제에서 벗어나 단지 즉각적인 변덕이나 기분이 지시하는 행동을 따르는 것, 즉 지적 판단의 개입 없이 형성된 충동의 손아귀에 놓이는 것은 얻는 것보다 잃는 것이 더 많을 것이다.

이러한 방식으로 행동의 통제를 받는 이는 기껏해야 자유의 환상만을 가지고 있을 뿐이다. 실제로 그는 자기가 통제할 수 없는 힘의 지시를 받고 있는 것이다.

제6장
목적의 의미

제6장

목적의 의미

그러므로 자유를 목적으로 형성하는, 그리고 형성된 목적을 수행하거나 실천에 옮기는 힘과 동일시한다는 것은 건전한 직관이라고 할 수 있다. 그러한 자유는 이제 자제력과 동일시되어질 수 있다. 왜냐하면 목적을 형성하고 그것을 실천에 옮길 수 있는 수단을 구성하는 것은 지적인 노력이기 때문이다.

플라톤은 언젠가 노예는 남의 목적을 실행하는 사람이라고 정의하고, 방금 말했듯이, 자신의 맹목적인 욕구에 사로잡힌 사람 또한 노예라고 한 적이 있다. 전통적인 교육에 있어서 학생들로 하여금 자신의 학습에 관계되는 목적을 세우는 데 적극적인 협동을 확보하지 못한 것이 가장 큰 결함인 것과 마찬가지로, 진보주의 교육 철학에 있어서 가장 타당한 주장은 학습 과정상의 활동 방향을 지시하는 목적의 형성에 학습자가 참여해야만 한다는 점의 중요성이 강조되어지는 것이라고 생각한다.

그러나 목적이나 목표의 의미는 자명하여 스스로 설명이 되어지는 것은 아니다. 교육적 중요성이 강조될수록 목적이란 무엇인가, 즉 그것이 어떻게 해서 생기고 경험 속에서 어떻게 기능을 하는가를 이해하는 것이 더욱 중요해진다.

참된 목적은 언제나 충동으로부터 시작된다. 충동의 즉각적 실현이 저해될 때 그 충동은 욕구로 변하게 된다. 그럼에도 불구하고 충동이나 욕구는 그 자체가 목적은 아니다. 목적이란 결과를 바라보는 것(end-view)이다. 즉 그것은 충동에 따라 행동했을 때 야기될 결과를 예견하는 일을 포함한다. 결과를 예견하는 일은 지성의 작용이다.

그것은 먼저 객관적인 여건과 상황에 대한 관찰을 필요로 한다. 왜냐하면 충동이나 욕구는 그 자체 만으로서가 아니라 주위 환경 조건들과의 상호 작용이나 협동을 통하여 결과를 가져오기 때문이다. 걷는 것과 같은 단순한 행동에 대한 충동은 자신이 서있는 땅과의 적극적인 결합을 통해서만 실행되게 된다.

일상의 상황하에서 우리는 땅에 많은 주의를 기울일 필요는 없다. 아무런 길도 나 있지 않는 가파르고 험한 산을 오를 때와 같은 까다로운 상황에서는 우리는 바로 그 여건이 어떠한지를 매우 주의 깊게 관찰해야만 한다. 따라서 관찰을 실행하는 것은 충동을 목적으로 바꾸는 데 있어서 하나의 조건이 된다. 철길 건널목 신호등에 서 있는 것처럼 우리는 멈추어 살펴보고, 소리를 들어 보아야 한다.

그러나 관찰만으로는 부족하게 된다. 우리는 우리가 보고 듣고 만져본 내용의 의미를 이해해야만 한다. 이 의미는 보여진 바에 따라 행위할 때 나타나게 될 결과가 된다. 어린 아이는 불꽃의 광채를 보고 매료되어 거기에 닿으려고 한다. 이 때 불꽃의 의미는 그 광채가 아니라, 그것에 접촉함으로써 얻어지게 될 결과인 태워버리는 힘인 것이다.

우리가 결과를 알아 볼 수 있는 것은 오직 이전의 경험 때문에 가능하게 된다. 많은 선행 경험 때문에 잘 아는 경우라면 우리는 멈추어서 이러한 경험이 바로 무엇이었는지를 회상해낼 필요는 없다. 우리가 열과 연소에 관한 이전의 경험을 명확히 생각해 보지 않아도, 불꽃은 빛과 열을 의미한다는 것을 알게 된다. 그러나 잘 모르는 경우, 우리가 우리의 정신 속에 있는 과거의 경험들을 살펴보지 않는다면, 즉 그러한 경험들을 반성해 보고 그것들과 지금 현재의 경험들과의 유사성을 알아냄으로써 현재의 상황에서 기대될 수 있는 것이 무엇인가 하는 판단을 형성해 나가지 않는다면, 우리는 관찰된 여건들의 결과가 무엇일 것인가를 바로 말할 수 없게 된다.

따라서 목적을 형성하는 일은 상당히 복잡한 지적 작용이다. 그것은 (1)주변 여건의 관찰, (2)과거의 유사한 상황에서 일어났던 일에 대한 지식, 즉 부분적으로는 회상에 의해 얻어지고 부분적으로는 보다 광범위한 경험을 했던 사람들의 정보와 조언과 충고에서 나온 지식, 그리고 (3)관찰된 것과 회상된 것을 결합하여 그것이 무엇을 의미하는지를 알게 해주는 판단 등을 포함한다.

목적은 일정한 방식으로 관찰된 여건 하에서 행위 했을 때 야기되는 결과에 대한 예견에 기초한 행동 계획과 방법으로 변형된 것이라는 점에서, 원초적 충동이나 욕구와는 상이하다. '욕구가 말이라면 거지라도 탈 것이다.' 어떤 것을 위한 욕구는 강렬할 수도 있다. 그것은 너무 강렬하여 그 욕구에 따라 행동했을 때 수반되는 결과에 대한 평가를 압도할 수도 있다.

이러한 경우는 교육을 위한 모델이 되지는 못한다. 결정적인 교육적 문제는 관찰과 판단이 개입될 때까지 욕구에 따른 즉각적인 행동을 연기하는 문제이다. 내가 틀린 것이 아니라면, 이것이야말로 진보적 학교의 활동에 명백히 관련되어지는 요점이다.

'지적' 활동을 강조하지 않고 목적으로서의 활동을 지나치게 강조하면, 자유를 충동이나 욕구의 즉각적인 실행과 동일시하게 된다.

방금 말했던 것처럼, 충동을 실행하는 데 따르는 결과에 대한 예견 - 관찰과 정보와 판단 없이는 불가능하게 되는 예견 -을 가질 때까지 공공연한 활동이 연기되지 않는다면 목적이 형성될 수 없음에도 불구하고, 이러한 동일시는 충동과 목적을 혼동함에 의해서 정당화되어진다.

물론 단순한 예견은 정확한 예측의 형태를 취한다고 하

더라도 충분치 못하다. 지적인 예견이 즉 결과에 대한 생각이, 동적인 힘을 얻기 위해서는 욕구나 충동과 혼합되어야 한다. 그러할 때 지적인 예견은 그렇지 않다면 맹목적인 것이 되었을 것에 방향을 제시할 수 있게 되는 반면에, 욕구는 아이디어에 자극과 계기를 마련해 주게 된다. 그리하여 하나의 아이디어는, 그것이 수행되어질 활동의 계획이 된다.

어떤 사람이 이를테면 건물을 지어서 새로운 집을 확보할 욕구를 가졌다고 하자.

그의 욕구가 아무리 강하다고 하더라도 바로 실행될 수는 없다. 그 사람은 방의 숫자와 그 배치 등을 포함하여 자신이 원하는 집의 종류에 대한 아이디어를 형성해야만 한다. 그는 설계도를 그리고 청사진과 명세서를 만들어야만 한다. 그가 이러한 자료들을 준비해놓지 않았다면, 이 모든 것은 한가한 때의 게으른 놀이감에 불과하게 된다. 그는 이러한 계획을 실행하기 위한 자신의 자금과 유용한 융자금의 관계를 고려해야만 한다. 그는 사용할 수 있는 대지와 그 가격을 조사해야 하며, 자신의 직장과의 거리, 마음에 맞는 이웃 및 학교 시설과의 근접도 등등을 조사해야만 한다. 고려의 대상이 되는 모든 것, 즉 그의 지불 능력, 가족의 규모와 필요성, 가능한 위치 등은 객관적 사실이다. 이들은 원래적 욕구의 일부가 아니다. 그러나 이들은 욕구가 목적으로 바뀌고 목적이 행동 계획으로 바뀌기 위해서는 반드시 살펴져야 하고 판단되어져야 할 것들이다.

적어도 완전히 무감정일 만큼 병적인 사람만 아니라면, 우리들 모두는 욕구를 갖고 있다. 이 욕구는 궁극적인 행동력의 원천이다. 전문 사업가는 자신의 사업에서 성공하기를 원하고, 장군은 전투에서 승리하기를 원하며, 부모는 자신의 가족을 위한 안락한 가정을 마련하고 아이들을 교육시키려하는 등, 끝이 없게 된다.

욕구의 강도는 투입하게 될 노력의 강도를 결정하게 된다. 그러나 그러한 바램들은, 그것이 실현되기 위한 수단으로 바뀌지 않으면, 공중누각이 될 뿐이다. '얼마나 빨리'의 문제, 혹은 수단의 문제는 구체화된 상상의 목적이 되며, 수단은 객관적인 것이므로, 참된 목적이 형성되어지기 위해서는 그러한 것들이 연구되고 이해되어야 한다.

전통적인 교육은 동적인 원천으로서의 개인적 충동과

욕구의 중요성을 무시하는 경향이 있었다. 그렇다고 해서 학생들이 자신들을 활성화시키는 목적의 형성에 참여하게 된다고 하는 진보적 교육이 충동이나 욕구를 목적과 동일시하고 그리하여 주의 깊은 관찰과 광범위한 정보 및 판단의 필요성을 가볍게 보아 넘겨야 하는 이유는 되지 못한다. '교육적' 계획에 있어서는 욕구와 충동의 발생이 최종적인 목적은 되지 못한다. 그것은 활동의 계획과 방법을 세우기 위한 계기이며 요구이다.

거듭 말하지만, 이러한 계획은 여건들을 연구하고 모든 관련된 정보를 확보할 때만 형성되어질 수 있다.

교사의 임무는 그러한 계기가 활용되어지는가의 여부를 살피는 것이 된다. 자유는 목적을 계발시키는 지적인 관찰과 판단의 활동 속에 있으므로, 학생들이 지성을 행사하는 데 있어 주어지는 교사에 의한 지침은 자유를 제약하는 것이 아니라 자유를 도와주는 것이다.

때때로 교사는 집단의 구성원들에게 그들이 무엇을 해야 하는가 하는 것에 관한 제시조차도 하기를 꺼려하는 것 같다. 어린이들은 대상물이나 교재들에 둘러싸인 채 완전히 내버려져 있고, 교사는 자유가 침해당하지 않도록 그 교재를 가지고 무엇을 해야 하는가 조차 제시해 주지를 않는 경우가 있었다고 들은 적이 있다. 그렇다면 왜 교재는 제공해 주는가? 그것도 일종의 제시이지 않은가? 그러나 더욱 중요한 것은 아동의 행동 근거가 되는 제시는 어느 경우에나 어디에선가 와야만 한다는 점이다. 보다 많은 경험과 폭넓은 시야를 가진 사람에게서 나온 제시가 다소 우연적인 어떤 근원에서 나온 제시만큼도 타당하지 않다고 하는 것은 이해할 수 없게 된다.

물론 직분을 남용하여, 젊은이의 행동을 학생들의 목적보다는 교사의 목적을 나타내는 방향으로 강제하는 것도 가능하기는 하다. 그러나 이러한 위험을 피하는 방법은 성인이 완전히 손을 떼는 것이 아니다. 그 방법은 첫째로 수업을 받고 있는 사람들의 능력, 욕구, 지난 경험을 교사가 지적으로 잘 파악하는 것이며, 둘째로 어떤 제시가, 집단의 구성원들에 의한 다른 제안이 허용되어져 하나의 전체로서 구성되어질 수 있는 계획이나 프로젝트로 발전되도록 하는 것이다.

다시 말해서 계획은 명령이 아니라 협동적인 노력인 것

이다. 교사의 제시는 고정된 결과를 낳는 틀이 아니라, 학습 과정에 관여하는 모든 사람의 경험에서 나온 공헌을 통하여 하나의 계획으로 발전되어야 할 출발점인 것이다. 그 발전은 상호간의 주고받음, 즉 교사는 받기도 하지만 주기도 두려워하지 않는 가운데 이루어지게 된다.

그 본질적인 요점은 목적이 사회적 지성의 과정을 통해서 성장하고 모양을 갖춘다는 것이다.

제7장

교과 내용의 진보적 구성

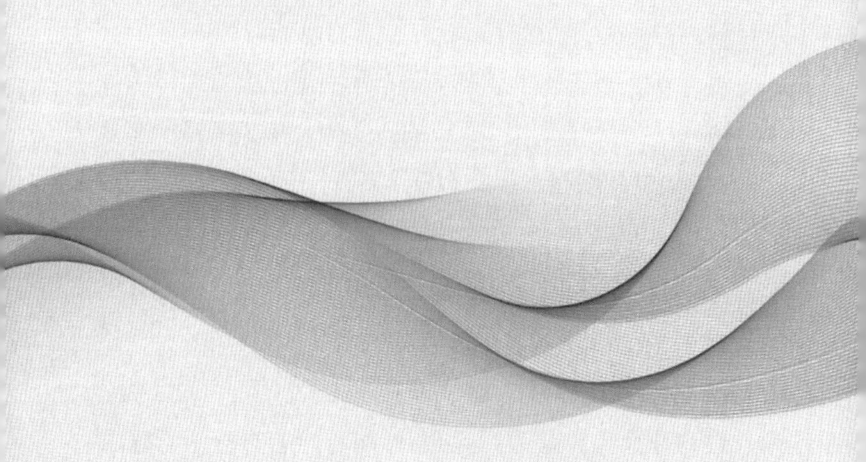

제7장

교과 내용의 진보적 구성

경험에 수반되는 객관적 조건과 이후의 경험을 풍부하게 성장시켜 나가거나 혹은 저해하거나 하는 그 역할에 관하여 여러 번 언급한 바 있다. 그것이 관찰, 기억, 다른 사람들에게서 얻어진 정보 및 상상력 등 어느 것이든 지간에, 이러한 객관적 조건들은 학습하고 배우는 교과 내용이나 좀 더 일반적으로 말해서 학습 과정의 자료와 은연중에 동일시되어 왔다. 그러나 교과 내용에 관하여 지금까지 분명하게 말해진 것이 없었다. 이제는 그러한 주제가 논의될 것이다.

교육이 경험이라는 말로 이해되어진다면 한 가지 생각이 분명하게 드러난다. 산수, 역사, 지리, 또는 자연 과학의 한 분야 등, 학습이라고 부를 수 있는 것이라면 어느 것이든 최초에는 일상의 생활 경험 영역 내에 드는 자료에서 추출되어야 한다.

이러한 점에서 새 교육은, 배우는 이의 경험 영역 밖에 있는 사실과 진리를 가지고 시작하는, 따라서 그러한 사실과 진리를 경험 안에 끌어들이는 방법과 수단을 발견해야 하는 문제를 안고 있는 절차와는 매우 대조적인 것이다. 말할 것도 없이 새로운 방법이 초등 학교 저학년 교육에 있어서 크게 성공을 거둔 한 가지 주요 원인은 이 대조적인 원리를 준수했기 때문이다.

그러나 경험의 범위 내에서 학습 자료를 발견하는 것은 단지 첫 단계일 뿐이다. 다음 단계는 이미 경험되어진 것을 보다. 충분하고 풍부하게 하며 또한 더욱 조직화된 형태로, 즉 교과 내용을 숙련되고 성숙한 사람에게 제시되어지는 그러한 상태와 점차적으로 근접해질 수 있는 형태로 진보적인 발전을 시키는 일이다.

이러한 변화가 교육과 경험의 유기적 관련에서 벗어나

지 않고서도 가능하다는 점은 그 변화가 학교 밖에서 학교 교육을 떠나서 일어나고 있다는 사실에 의해 확인된다. 예를 들면 갓난 아이는 시간적으로나 공간적으로 매우 한정된 대상의 환경을 가지고 시작한다. 그러한 환경은 학술적인 수업의 도움 없이도 경험 자체에 내재해 있는 힘에 의해 꾸준히 확상된다.

아이는 손을 뻗치고 걷고 말하는 것을 배우면서 자기 경험에 내재한 교재는 넓어지고 깊어진다. 아이들은 새로운 힘을 불러일으키는 새로운 대상이나 사실들과 접촉하게 되며, 이러한 힘을 사용해 봄으로써 그 경험의 내용은 세련되고 넓어진다. 생활 공간과 삶의 지속력이 확장된다. 환경, 즉 경험의 세계는 꾸준히 넓어지며, 말하자면, 두터워진다. 이러한 시기의 끝에 있는 아동을 받아들이는 교육자는 '자연'이 초기 몇 년 동안에 이룩해 놓은 것을 의식적이며 의도적으로 수행하기 위한 방법을 발견해내야만 한다.

이미 밝혀진 두 조건들 중에서 첫 번째 조건에 대해서는 강조할 필요가 거의 없을 것이다. 수업은 학습자가 이미 지니고 있는 경험의 테두리 내에서 시작되어야 한다는 것,

즉 성장 과정을 통하여 발달된 능력과 경험이 이후의 모든 학습을 위한 출발점을 마련해 준다는 것이 새로운 학교 교육의 가장 중요한 지침이다.

다른 조건, 즉 경험의 성장을 통하여 확장되고 조직된 교과 내용을 순차적으로 발전시켜야 할 조건에도 정당한 주의가 집중되고 있는지는 확신할 수가 없다. 그러나 교육적 경험의 지속성 원리는 이러한 측면의 교육 문제를 해결하기 위하여 똑같은 만큼의 사고와 주의가 기울여질 것을 요구한다.

물론 그 문제에 있어서 후자의 국면은 전자의 국면보다 훨씬 더 어렵다. 취학 전 아동이나 유치원 아동 및 초등학교 저학년 아동을 대상으로 하는 사람은 과거 경험의 범위를 파악하거나 그러한 경험과 생생하게 관련되어 있는 활동들을 발견하는 데 많은 어려움을 겪지는 않을 것이다.

그러나 좀 더 나이든 아이들에 대해서는 그 두 가지 문제 요소가 교육자에게 더 많은 어려움을 준다. 개개인의 경험의 배경을 찾아내는 것도 더 어려운 일이 되며, 그 경험에 이미 포함되어 있는 교과 내용을 어떻게 관리하여 보다 확대되고 보다 체계적인 영역으로 이끌어 갈 것인지를 알아내는 것도 더 어려운 일이 된다.

학생들이 자기가 이미 잘 알고 있는 것들을 훨씬 더 능숙하고 쉽게 다루도록 돌보아 주는 것보다는, 더 많은 새로운 경험을 학생들에게 제공해 주기만 한다면, 경험을 어떤 다른 것에로 인도한다는 원리가 적절히 충족될 수 있다고 생각하는 것은 잘못이다.

새로운 대상이나 사건들이 이전에 경험한 대상이나 사건들과 지적으로 연관되어져야 한다는 것은 필수적인 것이며, 이것은 사실과 아이디어를 의식적으로 연결시키는데 발전이 있음을 뜻하게 된다.

따라서 관찰과 판단의 새로운 방법을 자극하여 이후의 경험 영역을 확장시킬 수 있는 가능성과 잠재성을 가지고 있는 새로운 문제들을 현존하는 경험의 테두리 내에서 선별하는 것은 교사의 책무가 된다. 교사는 항상 이미 습득된 것을 고정된 소유물로서가 아니라, 현존하는 관찰력과 기억의 지적 이용 능력에 새로운 요구를 할 수 있는 새로운 영역을 열기 위한 매개체나 수단으로 간주해야 한다. 성장에 있어서의 연관성은 교사의 일관된 표어이어야만 한다.

다른 어느 직종에 종사하는 사람보다도 교사는 앞을 멀리 내다보는 데 관심을 가져야 한다. 의사는 환자를 건강하게 회복시켜 주었을 때 자산의 임무를 다한 것으로 생각한다. 그는 물론 환자가 어떻게 살아야 앞으로 비슷한 어려움을 피 할 수 있을까에 관하여 조언해 주어야 할 의무를 갖는다.

그러나 결국에는 개인의 삶의 행위는 자신의 고유한 일이며, 의사의 일은 아니다. 그리고 현 시점에서 더욱 중요한 것은 의사가 환자의 미래에 관하여 지시하고 조언하는 일에 종사하는 한, 그는 교육자로서의 기능을 행하고 있다는 점이다.

변호사는 자신의 의뢰인을 위하여 소송에서 이기는 일이나 의뢰인이 개입된 어떠한 복잡한 일에서 빠져나오도록 하는 일에 전념한다. 만약 그에게 주어진 사건의 범위를 넘어선다면, 그도 역시 교육자가 되는 것이다. 교육자는 일의 본질로 보아 자기가 지금 하고 있는 일을, 현재의 목적과 연결되어 있는 배우는 이들의 미래 목적을 위하여, 그 일이 무엇을 이룰 수 있는가 또는 이룰 수 없는가의 견지에서 살펴야 할 책임이 있게 된다.

여기서 또다시 진보적 교육자의 문제는 전통적인 학교 교사가 가졌던 문제보다 더욱 어려운 것이 된다. 전통적인 학교의 교사도 사실 앞을 내다보아야 했다. 그러나 교사가 전통적 학교를 감싸고 있는 한계를 자신의 인성과 열정으로 극복하지 않는 한, 그는 다음 시험 기간이나 다음 학년 진급을 생각하는 정도로 만족할 수 있었다. 그는 미래를 학교 체제의 요구 사항 내에 관례적으로 존재하는 요인들의 견지에서 고찰했다.

교육과 실제적 경험을 함께 관련시키는 교사에게는 더욱 중요하고 더욱 어려운 임무가 의무로 지워진다. 교사는, 이미 가지고 있는 경험 속에 있으면서 새로운 영역으로 학생들을 이끌어 갈 수 있는 잠재력을 파악해야만 하며, 이러한 지식을 학생의 현재의 경험에 영향을 줄 조건들을 선택하고 정리하는 기준으로 활용해야만 한다.

전통적인 학교에서의 학습은 미래의 어느 때에 젊은이들에게 무엇이 유용할 것인가에 관한 성인의 판단을 기초로 하여 선택되고 정리된 교재로 구성되어 있으므로, 학습되어야 할 내용은 학습자의 현재 생활 경험 밖에서 결정되었다.

결과적으로 그 교재는 과거와 관련이 있는 것이며, 과거 시대의 사람에게 유용하다고 입증된 그러한 것이었다. 반대편 극단으로 향하는 반동, 즉 그러한 상황하에서는 어쩌면 자연스러운 것이었을 만큼 불행한 일이었던 그 반동으로 인해, 교육이 그 자료를 현재의 경험에서 이끌어내야만 하고 학습자가 현재와 미래의 문제들에 대처할 수 있도록 해주어야 한다는 건전한 생각은 진보적 학교로 하여금 상당한 부분 과거는 무시될 수도 있다는 생각으로 종종 바꾸어 버렸다. 이는, 만일 현재가 과거와 단절될 수 있다면, 건전한 결론이었을 것이다.

그러나 과거의 축적된 업적만이 현재를 이해하기 위하여 사용되어질 수 있는 수단을 제공해 주게 된다. 개개인은 자신이 개인적으로 처해 있는 조건들을 이해하기 위하여 자신의 과거 경험으로부터 기억을 이끌어내야 하는 것과 마찬가지로, 현재의 '사회적' 생활의 논란과 문제들이 과거와 밀접하고 직접적으로 관련되어 있으므로, 학생들은 과거 속에 있는 그 문제들의 뿌리를 깊이 연구하지 않고서는 그 문제들을 이해할 수 있는 준비도, 그 문제들을 다루기 위한 최선의 방법을 이해할 준비도 되지 못하게 된다.

다시 말해서 학습의 목적은 미래에 있고 그 직접적인 교재는 현재의 경험에 있다는 건전한 원리는 오직 현재의 경험이 이른바 과거를 향하여 뻗어나가는 정도만큼만 효과를 나타낼 수 있는 것이다. 경험은 오직 과거로 확장되어 있는 만큼만 미래로도 확장될 수 있다.

시간이 허용되어 현 세대가 미래에 직면하게 될 정치적 문제와 경제적 문제를 논의해 본다면 이러한 일반적인 표현이 더욱 정확하고 구체화될 수 있을 것이다. 이 문제가 어떻게 생겨났는지를 알지 않고서는 그 문제들의 본질을 이해할 수 없다.

현재에 존재하는, 그리고 현재의 사회적 질병과 혼란을 야기하는 제도와 관습들은 하룻밤 사이에 생겨난 것은 아니다. 그러한 것들은 그 배후에 길 다란 역사를 가지고 있다. 그것들을 단순히 현재에 분명하게 존재하는 것을 바탕으로 하여 다루려고 하는 것은, 결국 단지 현재의 문제를 더욱 격렬하게 하고 더욱 풀기 어렵게만 만들 수 있는 피상적인 조치를 채택하는 결과를 가져오게 된다.

과거와는 단절된 채 단순히 현재에 대한 지식만을 근거

로 하여 구성된 정책은 개인 행위에 있어서의 경솔한 부주의함에 대응된다. 과거를 그 자체로 목적으로 삼는 학교 체제에서 벗어나는 길은 과거에 대한 지식을 현재를 이해하는 '수단'으로 삼는 것이다.

이러한 문제가 해결되지 않는 한, 교육 이념과 실제에 대한 현재의 충돌은 계속될 것이다. 한편으로 문화유산을 전해 주는 것이 교육의, 유일한 임무는 아닐지라도, 중요한 임무라고 주장하는 반동주의자들이 있을 것이다. 다른 한편, 우리는 과거는 무시하고 현재와 미래만을 다루어야 한다고 주장하는 사람도 있을 것이다.

오늘날까지 진보적 학교의 가장 취약한 점이 지적 교과 내용의 선택과 구성의 문제에 있다는 사실은 그러한 상황 하에서는 불가피한 것으로 생각된다. 그것은 마치 옛날 교육의 주성분을 이루는 미리 준비된 진부한 교과 내용에서 벗어나야 하는 것이 타당하고 적절했던 것처럼 불가피했던 것이다. 더구나 시간과 공간에 따라서 경험의 영역은 매우 넓고 그 내용은 매우 다양하다.

모든 진보적 학교를 위한 단일의 학습 과정은 불가능하다. 그것은 삶의 경험과의 관련이라는 근본적인 원리를 버리는 것을 의미할 것이기 때문이다. 더구나 진보적 학교는 새로운 것이다. 진보적 학교가 발전한 것은 겨우 1세대 정도 밖에 되지 않는다. 그러므로 교과 내용의 선택과 구성에 어느 정도의 불확실함과 모호함이 있는 것은 예상되는 일이다. 그것이 근본적인 비판과 불평의 근거가 되고 있지는 않다.

그러나 지금 추진중인 진보적 교육 운동이 공부와 학습을 위한 교과 내용의 선택과 구성 문제가 근본적인 문제임을 깨닫지 못한다면, 그것은 정당한 비판의 근거가 된다. 특정한 경우에 택하는 즉흥적 조치들은 가르치고 배우는 것이 정형화되고 생기 없는 것으로 되는 것을 방지해 준다. 그러나 기본적인 수업 자료가 어설프게 선택될 수는 없다. 예상되지 않았고 예상될 수도 없는 경우들은 지적 자유가 있는 곳이면 어디서나 일어나게 마련이다.

그러한 경우는 이용되어야 한다. 그러나 지속적인 활동 노선의 발달 가운데서 그 경우들을 이용하는 것과 그 경우들이 주요 학습 자료를 마련해 준다고 믿는 것 사이에는 결정적인 차이가 있다.

주어진 어떤 경험이 이전에 알지 못했던 영역으로 이끌 수 있을 때에만 문제가 일어나며, 문제는 사고를 자극하게 되는 것이다. 현재의 경험에서 발견되는 조건들이 문제의 원천으로 이용되어져야 한다는 것은 경험을 바탕으로 하는 교육을 전통적 교육으로부터 구분해 주는 하나의 특성이다. 전통적인 교육에 있어서는 그 문제들이 외부로부터 주어졌기 때문이다.

그러나 성장은 지적인 노력에 의해 극복되어질 수 있는 어려움이 있는가의 여부에 달려 있게 된다. 거듭 말하지만, 교육자는 다음 두 가지를 똑같이 살펴야 할 책임을 갖는다.

첫째는 그 문제들이 지금까지 가졌던 경험의 여건에서 나오고 있으며 학생의 능력 범위 내에 있는가 하는 것이며, 둘째는 그것이 학습자들로 하여금 정보에 대한, 그리고 새로운 아이디어에 대한 적극적인 탐구심을 일으키게 하는 것인가 하는 점이다.

그렇게 하여 얻어진 새로운 사실과 새로운 아이디어들은 새로운 문제가 제시되어지는 이후의 경험을 위한 근거가 된다. 그 과정은 연속적인 나선형이다. 현재와 과거의 불가피한 연결은 하나의 원리가 되며, 그 원리의 적용은 역사 공부에 한정되지는 않는다. 자연 과학을 예로 들어 보자. 현재의 사회생활이 지금과 같은 것은 대부분 물리 과학을 응용한 결과이다.

시골이나 도시에 있는 모든 아이들과 젊은이들의 경험이 현재의 활동 속의 경험과 같은 것은 전기, 열, 화학 작용 등을 이용하는 기구들 때문이다. 아이가 먹는 음식은 그것을 준비하고 소화하는 데에 화학적이며 생리학적 원리가 들어 있지 않은 것이 없다. 아이가 인공 불빛으로 글을 읽고 자동차나 기차를 타게 될 때는 과학이 낳은 공정과 작용에 반드시 접촉하게 된다.

학생들이 일상생활의 사회적 응용 물에 친숙함으로써 과학적 교과 내용을 배우고 그 사실과 법칙들을 배워야 한다는 것은 건전한 교육적 원리이다. 이러한 방법을 따른다는 것은 과학 자체를 이해하는 가장 직접적인 지름길이 될 뿐만 아니라, 학생들이 점차 성숙해감에 따라 현 사회의 경제 문제와 산업 문제를 이해하는 가장 확실한 길이 되기도 한다.

왜냐하면 이러한 문제들은 대부분 일용품과 서비스를

생산하고 분배하는 데에 있어서 과학을 응용한 산물이기 때문이며, 한편 이러한 생산과 분배 과정을 응용한 산물이기 때문이며, 한편 이러한 생산과 분배 과정은 인간과 사회 집단 상호간의 현재의 관계를 결정해 주는 가장 중요한 요인이기 때문이다.

그러므로 실험실과 연구 기관에서 연구하는 것과 비슷한 과정은 젊은이의 일상생활 경험의 한 부분이 되지 못하며, 따라서 경험을 바탕으로 하는 교육의 영역 내에 들지 못한다고 주장하는 것은 불합리하다. 미성숙자는 성숙한 전문가가 연구하는 방식으로 과학적 사실과 원리들을 연구할 수 없다는 것은 말할 필요도 없다. 그러나 이러한 사실은, 교사들로 하여금 현재 경험의 활용을 통하여 사실과 법칙을 이끌어냄으로써 학습자들 점차로 과학적 질서의 경험으로 이끌어나갈 책임을 면제시켜 주는 대신, 자신의 중요한 문제들 중의 하나를 만들어 내는 것이다.

만일 구체적이면서도 광범위한 범위의 현재의 경험이 지금과 같은 것이 과학을 먼저 상품과 서비스의 생산과 분배 과정에 응용하고 그리하여 인간이 사회적으로 서로 유지하고 있는 관계에 응용했기 때문이라는 점이 사실이라면, 체계화된 최종적인 상태에서 과학을 구성하는 바로 그러한 사실과 원리들에 관한 지식에로 학습자를 이끌어 가게 되는 교육을 떠나서 현재의 사회적 힘(이러한 힘이 없이는 인간은 완전히 주인이 되거나 지도될 수 없다)을 이해하는 것은 불가능하다. 또한 학습자가 과학적 교과 내용과 친근해져야 한다는 원리의 중요성은, 그렇게 하여 현재의 사회적 문제를 통찰하는 데에 그치지는 않는다.

과학적 방법은 또한 더 나은 사회 질서가 실현될 수 있도록 하는 조치와 정책을 위한 길을 제시해 준다. 과학의 응용은 현존하는 사회적 여건의 상당 부분을 만들어냈지만, 그 가능한 응용 영역을 완전히 소모한 것은 아니다. 왜냐하면 오늘날까지 과학은 다소간 우연적으로 응용되었거나, 과학 이전 시대의 제도로부터의 유산인 개인적 이익이나 힘과 같은 목적의 영향 하에서 응용되어 왔기 때문이다.

우리는 인류가 자신들의 공동생활을 지적으로 이끈다는 것은 불가능하다는 말을 여러 방면에서 거의 날마다 듣게 된다. 우리는, 한편으로 국내적 국제적 인간관계가 복잡하며 다른 한편으로 인류가 너무나 감정과 습성의 피조물이기 때문에, 지성에 의한 광범위한 사회적 계획과 방향의 제시는 불가능하다는 말을 듣게 된다.

이러한 견해는, 어떤 체계적인 노력이 초기 교육에서 시작되어 젊은이의 지속적인 공부와 학습을 통하여 진행되어 왔고 또한 과학에서 예시되어지는 지성적인 방법을 교육에서 가장 중요한 것으로 만들기 위해 행해져 왔다면, 더욱 신빙성이 있을 것이다.

습관의 본성 속에는 지성적인 방법 자체가 습관화되지 못하도록 하는 것은 아무것도 없다. 또한 감정의 본질 속에도 그러한 방법에 대해 강렬하게 감정적으로 충실하도록 하지 못하게 하는 것은 아무것도 없다.

여기서 과학의 경우는 구성을 위하여, 즉 외적으로 부과된 것이 아니라 경험의 성장 자체와 조화되기 때문에 자유로운 구성을 위하여, 현재의 경험으로부터 교과 내용을 진보적으로 선별하는 하나의 예를 보여주게 된다.

학습자의 현재 삶의 경험에서 발견되어지는 교과 내용을 과학을 위하여 이용 한다는 것은 아마도, 교육적 성장이 시작되는 경험에서 발견되는 것보다 더욱 넓고 세련되며 잘 구성된 물리적 인간적 환경 세계로 학습자를 계속 이끌어 가는 수단으로서 현존 경험을 이용한다는 근본적인 원리가 발견될 수 있는 최선의 설명이 될 것이다. 호그븐(Hogben)의 최근의 저서 백만 인을 위한 수학(Mathematics for the Million)은, 만일 수학이 문명의 거울이나 문명 진보에 있어서의 주요 매개체로 간주된다면, 그 수학이 어떻게 바람직한 목적에 물리 과학만큼 확실하게 기여할 수 있는지를 보여 주고 있다.

어떠한 경우든 기본이 되는 이상은 지식의 진보적 구성이라는 이상이다. 우리가 아마도 가장 극심하게 '이것 아니면 저것'이라는 식의 철학을 볼 수 있는 것은 지식의 구성과 관련된 경우이다.

실제로, 그렇게 많은 말로 표현되지는 않았지만, 전통적인 교육은 살아 있는 현재의 경험을 거의 완전하게 무시하는 지식의 구성이라는 개념을 근거로 했기 때문에, 살아 있는 현재 경험을 바탕으로 하는 교육은 사실과 아이디어의 구성을 무시할 수밖에 없다고 흔히 주장되기도 한다.

조금 전 이러한 구성을 '이상(ideal)'이라고 불렀을 때, 그 부정적인 측면에서 내가 의미했던 것은 교육자는 이미 구성된 지식을 가지고 시작하고, 이어서 그 지식을 한 첩

씩 나눠줄 수는 없다는 것이었다. 그러나 하나의 이상으로서 사실과 아이디어를 구성하는 긍정적인 과정은 항상 현존하는 교육적 과정이다. 더 많은 사실에 대한 지식과 더 많은 아이디어에 이르지도 못하고 또한 이들을 더욱 질서 있게 잘 정리해 주지도 못한다면, 어떤 경험도 교육적인 것일 수 없다.

구성이 경험과는 무관한 원리라고 하는 것은 사실이 아니다. 그렇지 않다면 경험은 분산되어 혼란 상태가 될 것이다. 어린 아이의 경험은 사람과 가정을 중심으로 한다. 정신과 의사는 가족 관계의 정상적인 질서의 동요를 이후의 정신적 정서적 문제에 대한 좋은 원인으로 본다.

이러한 사실은 그러한 종류의 구성이 실재함을 증명해준다. 유치원이나 저학년 같은 초등학교 교육에 있어서의 커다란 진보의 하나는 그러한 교육이, 옛날 중력의 중심의 급격한 이동 대신에, 경험의 구성에 대한 사회적 인간적 중심을 견지하고 있다는 점이다.

그러나 교육의 두드러진 문제의 한 가지는 음악의 경우처럼 음조를 변화시키는 것이다.

교육의 경우 변조는 사회적 인간적 중심으로부터 더욱

객관적이고 지적인 구성의 구조로 이동하는 것을 의미하지만, 지적 구성은 그 자체가 목적이 아니라 사회적 관계나 독특한 인간적 결속과 유대를 이해하고 보다 지적으로 정리하기 위한 수단이라는 생각을 항상 마음속에 품고 있어야 한다.

교육이 경험에 관한 이론과 실제를 바탕으로 한다면, 성인과 전문가가 구성한 교과 내용이 그 출발점이 될 수 없음은 말할 나위도 없다. 그럼에도 불구하고 그러한 교과 내용은 교육이 계속 지향해야 하는 목표를 나타내고 있다. 지식을 과학적으로 구성하는 가장 근본적인 원리의 하나가 인과율의 원리인 점은 말할 필요도 없다. 과학적 전문가가 이러한 원리를 파악하고 나타내는 방식은 아동의 경험 속에서 그 원리를 이해할 수 있는 방식과는 분명히 크게 다르다.

그러나 그 관계나 의미의 이해 어느 것마저도 어린 아이의 경험과 무관한 것은 아니다. 2, 3세 되는 아이가 불꽃에 너무 가까이 닿지 않도록 배우면서 난로에는 그 따뜻함을 느낄 수 있을 만큼만 가까이 가도록 배운다면, 그는 인과 관계를 이해하고 이용하는 것이다. 지적인 활동이란 바로 그러한 관계의 요구에 따르는 것이며, 단지 따를 뿐 아니라 의식적으로 마음속에 새겨두는 때만이 지적인 것이 된다.

경험의 초기 형태에 있어서 그 인과 관계는 추상적으로 나타나는 것이 아니라, 목적 달성에 소용되는 수단의 관계, 즉 수단과 결과와의 관계 형태로 나타나게 된다. 판단과 이해의 성장은 본질적으로 목적을 형성하고 그 목적의 실현을 위한 수단을 선별하고 마련하는 능력의 성장이다. 아동의 가장 기초적인 경험은 수단과 목적의 관계에 대한 경우로 채워져 있다. 식사를 준비하고 불빛의 근원을 이용하는 것 모두 반드시 이러한 관계를 입증해 준다.

교육이 갖는 문제는 수단과 결과의 관계 속에서 그 인과 관계가 예시되어지는 상황이 부족하다는 점이 아니다. 그러나 그 상황을 이용하여 학습자로 하여금 주어진 경우의 경험 속에 있는 그 관계를 파악하도록 이끌어 나가지 못하는 경우는 너무 흔한 일이다. 논리학자는 목적과 관련하여 수단을 선별하고 구성하는 작용에 대해 '분석과 종합'이라는 이름을 붙이고 있다.

이러한 원리는 학교에서의 '활동'을 이용하기 위한 궁극적인 기초를 결정해 준다. 정보와 아이디어의 진보적 구성에 대한 요구를 비난하면서 학교에는 다양한 능동적인 일이 있어야 한다고 주장하는 것보다 더 교육적으로 불합리한 것도 없을 것이다. 지적인 활동은, 그것이 현존하는 다양한 여건에서 수단을 선별하는 것과 - 분석 - 의도한 목적이나 목표에 이르는 수단을 마련하는 것을 - 종합 - 포함하고 있다는 사실에서, 목표 없는 활동과는 구분된다. 학습자가 성숙하지 못할수록 지향하는 목적은 더욱 단순해야 하고 사용되는 수단은 더욱 초보적이어야 한다는 점은 분명하다.

그러나 수단과 결과의 관계에 대한 이해라는 의미에서 활동이 구성되어져야 한다는 원리는 매우 어린 아동에게까지 적용된다. 그렇지 않으면 하나의 활동은 맹목적이므로 교육적인 것이 되지 못한다.

성숙도가 증가할수록 학습자에게 수단의 상호 연관성 문제는 더욱 시급해진다. 지적 관찰이 목적에 대한 수단의 관계로부터 수단과 다른 것과의 관계라는 더욱 복잡한 문제로 전이되는 정도에 따라 원인과 결과라는 관념이 뚜

렷하고 명백해진다. 학교 내에 있는 상점이나 부엌 등에 대한 최종적인 정당화는 그것들이, 활동의 기회를 만들어 준다는 점이 아니라, 그러한 '종류'의 활동 기회를 제공해 주거나 혹은 학생들로 하여금 수단과 목적의 관계에 주의하고 그리하여 사물이 서로 상호 작용하여 완전한 결과를 가져오게 되는 방법을 생각하도록 이끌어 주는 기술적인 능력을 습득하는 기회를 제공해 준다는 점이 된다. 그것은 과학적 연구에 있어서의 실험실에 대한 근거와 원칙적으로 동일한 것이다.

지적 구성의 문제가 경험을 근거로 하여 해결될 수 없다면, 외부에서 부과된 구성의 방법을 향한 반작용이 분명히 일어나게 마련이다. 이러한 반작용의 징후는 이미 분명하다. 우리의 학교는, 그것이 옛 것이든 새로운 것이든, 그 중요한 임무를 다하지 못하고 있다고 말해지고 있다.

학교는 비판적인 분별력과 추론 능력을 개발시키지 못하고 있다는 것이다. 잘 소화되지 못한 잡다한 정보만을 축적하기 때문에, 그리고 사업이나 상업적인 세계에 즉각 소용되는 형태의 기능만을 습득하려고 노력하기 때문에, 사고 능력이 묵살되어지고 있다는 말을 듣게 된다. 이러한 폐단은 과학의 영향으로 생겨나거나 확실한 과거 문화 유산을 희생하고 현재의 요구만을 확장하는 데서 생겨난다는 말도 듣게 된다. 과학과 그의 방법은 다른 것에 종속되어져야만 한다는 주장도 있다. 즉 젊은이들이 불어오는 모든 미풍에 흔들리지 않고 자신의 지적, 도덕적 생활 속에 분명하게 닻을 내리기 위해서는 아리스토텔레스나 토마스 아퀴나스 논리학에 표현된 궁극적인 제1원리의 논리에 돌아가야 한다는 주장도 있다.

만일 모든 교과에 있어서 과학의 방법이 그날그날 학교의 업무를 통하여 일관성 있게 지속적으로 적용되어져 왔다면, 이러한 감정적 호소에 대하여 지금보다 더 깊은 인상을 받게 되었을 것이다. 교육이 목적 없이 표류하는 것이 아니라면, 근본적으로 교육이 선택할 수 있는 두 가지의 대안이 있는 것으로 보인다. 그중 하나는 교육자로 하여금 과학적 방법이 개발되기 이전의 시대에 생겨난 지적 방법과 이상으로 되돌아가도록 유도하는 노력으로 표현된다. 그러한 호소는 일반적인 불안정성, 즉 감정적 지적, 그리고 경제적 불안정성이 많은 시기에는 잠깐 동안 성공적일지도 모른다. 왜냐하면 그러한 여건 하에서는 고정된 권위에 의지하려는 욕망이 활발하기 때문이다. 그러나 그것은 현대 생활의 모든 조건들과는 거리가 멀기 때문에, 이러한 방향에서 구원을 바라는 것은 어리석다고 믿는다. 또 다른 대안은 경험에 내재한 잠재력을 지적으로 탐구하고 개발하는 형식과 이상으로서의 과학적 방법을 체계적으로 활용하는 것이다.

이에 따른 문제는 진보적 학교에 대해서는 특별한 힘을 준다. 경험의 지적 내용이 발달되도록 꾸준히 주의를 기울이지 못하고, 사실과 아이디어가 항상 확대되는 구성을 하지 못한다면 결국 지적, 도덕적 권위주의에로의 반동적인 회귀 경향만을 강화시키게 될 수도 있다.

현재는 과학적 방법에 대해 논할 때와 장소는 아니다. 그러나 그 몇 가지 특징들은 경험을 바탕으로 하는 어떤 교육 구조와도 매우 밀접하게 연관되어 있기 때문에, 그러한 특징들은 주목되어져야만 한다.

먼저 과학의 실험적 방법은 다른 어떤 방법보다도 더욱 아이디어를 아이디어로서 중요시한다. 행동이 어떤 주된 아이디어에 의해 지도되지 않으면 과학적 의미에 있어서의 실험과 같은 것은 없게 된다. 사용되는 아이디어가 최종 진리가 아니라 가설이라는 사실은 아이디어가 다른 어느 곳에서보다도 과학 내에서 더욱 철저하게 보호되고 검증되어야 하는 이유가 된다. 아이디어 그 자체가 제1의 진리로 간주되는 순간, 그것을 자세히 검토해야 할 어떤 이유도 없어지게 된다. 고정된 진리로서 받아들여져야 하는 것이며, 그것으로 문제는 끝난다.

그러나 가설로서의 아이디어는 끊임없이 검증되고 수정되어야 하는 것이며, 필요한 요건이 정확하게 표명되어져야 한다.

첫째로, 아이디어나 가설은 그것이 실행되어졌을 때 산출되는 결과에 의해서 검증된다. 이러한 사실은 행동의 결과가 신중하고 분별력 있게 관찰되어야 함을 의미한다. 결과 되는 바를 관찰을 통하여 점검하지 않는 활동은 일시적으로 즐거운 것일 수도 있다. 그러나 지적으로는 그것은 아무것에도 이끌지 못한다. 그것은 행동이 일어나는 상황에 관한 아무런 지식도 제공해 주지 못하며 아이디어를 명료화하거나 확장해 주지도 못한다.

둘째로, 실험적 방법에서 명백하게 보이는 지성의 방법은 아이디어와 활동 및 관찰된 결과에 대한 지속적인 접속을 필요로 한다. 지속적인 접속은 반성적인 검토와 요약의 문제이며, 그 과정에는 전개되는 경험 가운데서 나타나는 의의 깊은 특징들을 분별하고 기록하는 것이 포함된다. 반성한다는 것은 이미 행하여진 것을 되돌아보아, 이후의 경험을 지적으로 다루는 데 자본이 되는 순수한 의미를 추출해내는 것이 된다. 그것이 지적인 구성과 훈련된 정신의 핵심이 된다.

지금까지는 일반적으로, 때로는 추상적으로 표현할 수 밖에 없었다. 그러나 지금까지 말해 왔던 것은 경험은, 그것이 교육적이기 위해서는, 확장된 교과 내용의 세계, 즉 사실이나 정보라는 교과 내용과 아이디어라는 교재의 세계 속으로 이끌려져 나와야만 한다는 요청과 유기적으로 연관되어 있다.

이러한 조건은 오직 교육자가 가르치고 배우는 바를 경험을 계구성하는 지속적인 과정으로 볼 때만 충족되어질 수 있다. 이러한 조건은 한편 긴 안목을 가진, 그리고 모든 현재의 경험을 미래에 하게 될 경험에 영향을 미치는 동적인 힘으로 보는 교사에 의해서만이 충족될 수 있다.

과학적 방법을 강조해 온 것이 잘못 이해될 수도 있음을 안다. 왜냐하면 그것은 전문가가 행하는 것과 같은 전문적인 실험실의 연구 방식만을 연상케 하는 결과를 가져올 수도 있기 때문이다.

그러나 과학적 방법을 강조한 의미는 전문화된 기술과는 거의 관계가 없다. 그것은 과학적 방법이, 우리가 살고 있는 세계에 대한 우리의 일상 경험의 의미를 파악하기 위해 우리가 가진 유일하게 진실한 수단임을 의미한다. 그것은 과학적 방법이, 경험을 항상 앞으로 그리고 밖으로 향하는 데에 이용되는 실질적인 형태의 방법과 여건을 제공해 주는 것을 의미한다.

다양한 성숙도를 가진 개개인에게 이러한 방법을 적용하는 것은 교육자의 문제가 되며, 그 문제 속에 변치 않는 요인은 아이디어의 형성, 아이디어에 따른 행동, 결과를 산출하는 여건에 대한 관찰, 그리고 미래에 사용하기 위한 사실과 아이디어의 구성 등이 된다. 아이디어들, 활동들, 관찰들, 그리고 구성 등 어느 것도 6세 된 아이의 입장에서 본 그것은, 성인 과학자의 입장은 말할 것도 없이, 12세나 18세 된 사람의 입장에서 본 것과는 동일할 수 없다. 그러나 만일 경험이 결국 교육적이라면, 어느 수준이든 경험의 확장적인 발전은 있게 된다.

결국 경험의 수준이야 어떻던, 우리는 그 경험이 마련해 주는 패턴에 조화되는 방법을 적용하거나, 아니라면 살아있는 동적인 경험을 개발하고 통제하는 데 있어서의 지성의 위치를 무시하거나 할 수 밖에 없게 된다.

제8장

경험 - 교육의 수단과 목적

제8장

경험 - 교육의 수단과 목적

내가 말해 온 것 중에서 나는 교육이, 학습자 개인과 사회 모두를 위한 그 목적을 수행하기 위하여, 경험에 - 어떤 개인에게는 항상 실제적인 생활 경험이었던 것 - 기초해야 한다는 원리가 건전한 것임을 당연하게 여겨 왔다. 나는 이러한 원리를 받아 들여야 한다고 논의하거나 그것을 정당화하려고 노력해 오지는 않았다.

교육에 있어서는 급진주의자뿐만 아니라 보수주의자도 전체적으로 현재의 교육적 상황에 대해 깊은 불만을 가지고 있다. 교육 사상에 대한 두 학파 모두의 지적인 사람들 중에는 적어도 이러한 만큼의 동의가 있다.

교육 제도는, 과학 이전 시대의 지적 도덕적 수준으로 후퇴하든지, 아니면 과학적 방법을 더욱 많이 이용하여 경험의 성장이나 확장 가능성을 발전시키는 방향으로 나아가든지, 어떻게든 변화해야만 한다는 것이다. 나는 단지 교육이 후자의 과정을 택한다면 만족스럽게 이행되어져야만 할 몇 가지 조건을 지적하려고 노력했을 뿐이다.

왜냐하면, 교육이 일상 경험에 내재한 잠재력을 지적으로 지도하고 개발하는 것으로 간주된다면, 나는 그러한 교육의 가능성을 확신하므로 여기서는 다른 노선을 비판하거나 경험의 노선을 택해야 한다는 논의를 전개할 필요가 없다고 생각하기 때문이다.

이러한 길을 택하지 못하게 될 것으로 예상되는 유일한 근거는 내 생각으로는 경험과 실험적 방법이 적절하게 인식되지 못하는 위험뿐이다. 세상에는 지적인 개발과 지도라는 검증의 대상이 되는 경험의 규율만큼 엄격한 규율도 없다. 따라서 보다 새로운 교육의 기준과 목표와 방법에 반대하는 일시적인 반작용이라도 이에 대해 내가 찾을 수 있는 유일한 반대의 근거는, 그러한 것들을 공공연하게 채택했다고 하는 교육자들이 실제에 있어서도 그것에 대해 충실하지 못하고 있다는 점이다.

내가 여러 번 강조해 온 바와 같이 새로운 교육으로 향하는 길은 낡은 길에 비해 따르기가 더 쉬운 것이 아니라 더 힘들고 어려운 것이다. 그것은 새로운 교육이 성년에 이를 때까지 계속될 것이며, 그렇게 성년에 이르기 위해서는 그 지지자들 편에서의 많은 시간의 진지한 협력 작업이 필요할 것이다. 새로운 교육의 미래에 봉착하게 될 가장 큰 어려움은 그러한 교육이 따르기가 쉬운 길이며, 그렇게 쉽기 때문에 그 과정이 최소한 거의 날마다 또는 주마다, 아무 준비 없는 즉흥적인 방식으로는 아닐지라도, 즉석에서 이루어질 수도 있다는 생각이라고 나는 믿는다.

이러한 이유 때문에 나는 새로운 교육의 원리를 칭찬하는 대신, 그 교육이 성공적인 발전을 이룩해야 한다면, 그 속에 당연히 포함되어 있는, 반드시 충족되어야 할 일정한 조건들을 보여 주는 데 국한해 왔다.

나는 앞에서 '진보적'과 '새' 교육이라는 말을 자주 써왔다. 그러나 나는 근본적인 문제가, 새 교육과 낡은 교육의 대립 문제도 아니고 전통적인 교육에 대한 진보적 교육의 갈등 문제도 아니며, 어떤 것이든 그것이 '교육'이라는 이름의 가치가 있기 위해서는 무엇이어야 하는가의 문제이라는 나의 확고한 믿음을 기록하지 않은 채 끝내고 싶지는 않다. 나는 내가 어떤 목적이나 방법을 단순히 그것에 진보적이라는 명칭이 적용될 수 있다고 해서, 좋아하고 있지도 않으며 또한 그렇지 않다고 믿고 있다.

근본적인 문제는 아무런 수식 형용사가 앞에 붙어 있지 않는 교육의 본질에 관계되는 것이다. 우리가 바라고 필요로 하는 것은 순수하면서도 단순한 교육이며, 교육이 명칭이나 구호가 아닌 실재가 되기 위해서는 교육이 무엇이며 무슨 조건들이 충족되어야 하는가를 알아내는 데 전념한다면, 우리는 더욱 확실하고 더욱 빠른 진보를 하게 될 것이다. 단지 이러한 이유 때문에 나는 건전한 경험 철학의 필요성을 강조해온 것이다.

존 듀이

백주년 기념 재평가

존 듀이 : 백주년 기념 **재평가**

Martin. S. Dworkin

그의 탄생 100년이 지난 지금, 존 듀이는 파벌 소설의 거물이 되어 있다. 그의 중요성을 극도로 부인하는 반응은 그가 위대하다는 열렬한 주장에 의해 논박당하고 있다. 그의 업적을 주의 깊게 재평가하는 것은 그 자체가, 지속되는 모의의 일부 혹은 명백한 경전의 불필요한 주석이라는 의도에서 조롱당하거나 무시되어지고 있다.

이러한 소란 속에서 형성되어지는 듀이의 이미지는 금세기 중반 미국인의 태도에 관하여 - 아울러 논쟁을 주인공 대 악한이라는 서사시적 통속극으로 보는 전통적인 경향에 관하여 - 많은 것을 말해 준다고 할 수 있다. 그러나 듀이는 미국인의 생활에 너무나도 중요한 역할을 했고 전 세계적으로 깊은 영향을 주어 왔으므로, 그 중요성이 부정되기도 하고 위대함이 인정되기도 하는 가공적 인물 묘사는 그가 지내온 무대와 그가 주인공이 되었던 연극에 대한 우리의 시야를 막아버릴 뿐이다.

우리는 단지 그의 연구에 있어 많은 명확하지 못한 점과 해소되어지지 않은 많은 난점을 다룰 수 있는 필수적인 작업에 방해를 받고 있는 것뿐이 아니다. 우리들 자신과 우리가 살고 있는 세계를 알기 위하여 검토하고 재음미하여 여만 하는 사건과 그 진전에 관한 배경을 명확하게 파악하지 못하도록 방해 받고 있는 것이다.

듀이의 생애는 실질적으로 그리고 입증 가능한 기록이 있는 철학자들 중에서 가장 길었다. 그의 저술의 범위와 분량은 단지 생애 마지막까지 지속된 그의 기운찬 활동뿐만 아니라, 활발했던 놀라운 정신력을 증명해 준다. 그의 나이 22세 때 나온 첫 번째 출판물은 형이상학 문제를 다룬 것이었다.

많은 전문 철학자들이 끊임없이 지속되는 철학적 주제의 토론에 대한 가장 큰 공헌으로 간주하고 있는 그의 최후 15년간의 저술들은 논리학, 가치 철학, 행동과학과 물리과학의 방법론, 인식론 등에 관련된 것들이다. 심리학, 윤리학, 정치학, 법률학, 종교, 그리고 사고 작용과 체제에 관한 비판적 해석 등의 문제들은 수십 편의 책과 강의들, 그리고 잡지, 백과사전, 전문 연감, 기타 다른 출판물에 있는 수백 편이 본문에 다루어져 있다. 선거 운동, 국제적 마약 거래, 산아 제한, 반전론, 그리고 국제 연맹 등에서부터 멕시코, 중국, 터키, 러시아 등의 사회 내의 혁명적 변화에 이르기까지의 시사 문제들은 수십 편의 정기 간행물과 수많은 저서의 주제가 되었다.

그러나 그의 모든 출판물 중에서 미국과 다른 국가의 생활에 가장 넓고 깊은 영향을 미쳤던 것은 교육에 관한 저술들이다. 그의 명성에 관한 의문이 현재 가장 크게 벌어지고 있고 오늘날 우리가 직면하는 가장 중요하고도 시급한 문제들과 직접 연관되어지는 것이 바로 교육의 영역이다.

애드먼은 이렇게 표현하고 있다. '듀이가 전문 철학자의 한 사람으로서 널리 알려지기 훨씬 이전에 교육자로서 널리 알려지게 되었던 것은 역사적인 우연이었다. 그 사건은 듀이의 본질적인 의도에 부합되는 것이다. 상대적인 영향에 관한 에드먼의 판단은 아마도 전문 철학자에서는 어느 정도 바라는 관찰일 수 있다. 그러나 우리는 의도적인 '사건'의 의미에 관한 의문을 가질 수 있다. 최소한 제시된 역설은 듀이의 전체적인 연구물 가운데 차지하고 있는 교육에 관한 저술들의 위치를 고찰하게 한다. 그리고 이러한 고찰은 더 나아가 미국교육에 미친 그의 영향력이 실제적으로 어떤 성격이었는가 하는 근본적인 문제로 연결된다.

우리는 듀이의 영향이 어느 정도 독자적이었으며, 새롭고, 개선을 추구했는가 하는 점을 물어야만 한다. 또한 그것은 어느 정도 만큼 미국인 생활의 보다 폭넓은 산물 혹은 표현이며, 근본적으로 결정적인 힘을 갖는 것인가? 이러한 문제들을 다루기 위해서는 비판하기 위해 듀이의 연구물을 이해하는 불가피한 작업 이상의 것이 요구되어진다. 왜냐하면 미국 교육의 형식과 실체에 대한 듀이의 '책임'이라는 문제는 특히 지난 10년 동안 학교 교육을 둘러싸고 빚어진 가장 혹독한 언쟁에 끊임없이 붙어 다니는 내용이 되었기 때문이다.

듀이의 영향은 우연적인 사건이었는가? 아니면 필연적인 것이었는가? 어느 경우이든, 그 영향은 결정적인 것이었는가?

우리는, 우리가 듀이의 교육적 아이디어가 능력을 발휘하게 되는 맥락에 관하여 알고 있는 것보다는, 그의 철학의 배경과 발달에 관하여 훨씬 많은 것을 알고 있다. 이러한 한 가지 이유는, 교육에 관한 연구를 분별 있는 지혜 정도로 여기는 미국 학풍에 깃든 경향 때문이다. 이러한 태도는 듀이 자신에 의해서, 지식이 무엇인가를 지극히도 부적절하게 이해하는 것으로, 그리고 나아가서는 지식이 우리 생활에 어떻게 기여하게 되는가에 관한 훨씬 더 어이없는 무지를 폭로하는 것으로, 공격을 받게 된다.

사실상 전통적인 철학에 대한 듀이의 점진적인 배격은 그가 가르치고 배우는 문제에 적극적으로 개입하기 시작하였던 시기에 이루어졌다. 듀이의 많은 숭배자나 비난자가, 근본적 혹은 본질적으로 듀이의 교육적 이론이 형성되었기 때문에 전통과의 단절을 시도했다고 말하는 것은 너무 소박하게 단순화한 것이 될 것이다.

그러나 그의 초기의 지적 발달에 미친 영향에 비추어 볼 때 타당한 것으로 보이는 것은, 자신의 초기의 철학적 훈련에 대한 그의 반발과 교육에의 참여 모두가 그 근원이 된다는 점이다.

듀이는, 몰턴 화이트가 '미국 철학의 비 황금시대'라고 냉담하게 묘사했던 시대에, 철학적 연구를 시작하여 자신의 첫 번째 글을 썼다. 대학에서 가르쳐졌던 어떠한 철학도 흔히 신학적 연구와 밀접하게 연계되어 있었고 그 속에 얽매어 있었다. 이러한 결합이 크게는 상식적 실제론 이라는 스코틀랜드 철학의 우세를 설명하고 있으며, 이는 부정적인 경향으로 나타난 영국 경험론에 의하여 강조되는 의문의 경향에 반하여 종교적 신앙을 강조하게 되었다.
특히 헤겔에게서 시작되고 해리스의 지도하에 재해석된 독일 관념론이라는 강한 파문이 다른 학파의 지지자들에게 도전하고 있었다.

이러한 움직임은 독일에서 새롭게 성행하기 시작한 학문의 중심지, 대학이 미치는 영향력의 증가와 독일 철학자의 인상적인 학식과 체계적인 솜씨를 함께 반영하고 있었다.

실체가 감각이나 의식과는 독립적으로 존재하는가의 여부에 관한 그저 겉보기에는 아득하게 느껴지는 논쟁들은, 도덕적 원리의 권위, 종교적 교리의 타당성 등과 관련되어지는 문제에 대해서 아주 직접적이고 절박한 시사점을 띄고 있었다. 그러나 그러한 논쟁들 위에 드리워져 있었던 것은 거대한 과학적 발견의 그림자 - 특히 진화론에 대한 점차 증대하는 증거와, 상충되어진다면 타격적인, 새로운 실험 심리학의 발견들 - 이었다.

버몬트 대학에서 듀이는 토레이(H. A. Torrey)와 함께 스코틀랜드 실재론을 알게 되었다. 후에 존스 홉킨스에서 대학원 공부를 할 때 그는 모리스의 헤겔주의 관념론에 의해 심오한 영향을 받게 된다. - 그 영향은 그가 모리스가 철학 교수로 재직하던 미시건 대학교의 교수로 채용될 때까지도 계속된다. 미시건 대학교에는 이미 미국 내에서 최초로 교육학 과장의 지위가 설정되어 있었으며, 교사 교육의 문제에 관하여 교수와 그 주(州)의 고등학교 사이에는 밀접한 관계를 갖고 있었다.

듀이의 딸과 그의 조수에 의해 마련된 전기적 논문에는 그가 이 프로그램에 참여함으로써 '교육 일반에 관한 그의 관심이 고무되었다.'라고 조심스럽게 언급되어 있다. 이러한 관심은 확실히 이론적인 것 이상의 것이었다.

대학원 연구를 시작하기 전에 그는 펜실베니아주 사우스 오일의 고등학교에서 2년간, 그리고 그 후 버몬트주 샬로트의 시골 학교에서 한 학기 동안 '약간씩 모든 과목'을 가르친 적이 있었다. 미시건에서 교사나 학생들과 함께 했던 작업은 심리학에 대한 그의 관심을 심화시켜 주었으며, 이는 미국 실험 심리학의 개척자인 스탠리 홀(G. Stanley Hall)과 함께 했던 존스 홉킨스에서의 연구의 기초가 되었다.

교사를 위한 듀이의 첫 번째 논문과 강의와 책에서는 심리학을 다루었다. 이러한 글에서 보여지는 경향에는 그의 철학적 이상주의, 특히 개별적 지식은 일종의 특수한 경우라고 하는 '보편 의식'을 가정하는 그의 입장이 여전히 두드러지고 있다.

그러나 새로운 심리학의 실험적 근거와 그 심리학이 인간 행동을 진화론과 조화되어 자연적 질서에 따르도록 만들어 간다고 여겨지는 방법은 미국내 고등 교육 기구 천체에 미친 바와 더불어 듀이에게 깊은 인상을 주었다. 가장 중요한 영향을 미친 것은 틀림없이 윌리암 제임스(Willian James)의 사상이었다. 1890년에 출판된 제임스의 〈심리학 원리〉는 미국 프래그머티즘 철학의 기초 위에 한 새로운 실험 주의적 견해와 진화론의 결합을 분명하게 보여 주고 있다.

다른 주요 영향은 미드의 사회적 행동주의와 베블린의 〈경제적 사회학〉 이었다. 베블린과 함께 듀이는 마르크스에게서 영향을 받았지만, '폭로성' 잡지 기자인 스테펜스(Lincoln Steffens), 타벨(Ida M. Tarbell), 리스(Jacob Riis), 신크레어(Upton Sinclair) 등의 투쟁적인 개혁자들에게서 더욱 밀접한 영향을 받았다. 이러한 영향들은 듀이 나름의 실용주의 형태를 개발하는 데에 영향을 끼쳤다. 윌리엄 제임스와 찰스 피어스의 보다 한정적인 철학적 작업을 떠나, 듀이는 자신이 '실험주의' 후에는 '도구주의'라고 불렀던 것 속에 내재해 있는 사회적 목적과 정치적 행동을 강조하게 된다.

듀이의 '경험'에 관한 주요 개념은, 그것에 의하여 지각과 객관적 실체와 이원론적 구분을 피할 수 있었다고 주장되어지고 있지만, 본질적으로 사회적 과정의 하나이다. 그리고 그가 경험의 조정자라고 주장하는 '지성의 방법'은 사회적이며 정치적인 문제들에, 즉 교육이 가장 중요한 행위의 도구가 되는 영역들에 적용될 때 가장 잘 실천되고 달성될 수 있었다.

일반적으로 듀이의 사고 방향은, 인간의 문제에 직접적인 관련과는 거리가 먼 학문적 훈련으로서의 철학을 떠나, '교육 이론은 숙고 끝에 행하여지는 실천'이라고 민주주의와 교육에서의 널리 알려진 철학의 정의 속에 시사된 행동을 강조했던 쪽으로 향하고 있었다.

듀이의 사고의 변화는 당시의 과학적이며 지적인 변화가 얼마나 깊이 미국인의 생활에 격렬한 소용돌이를 일으켰는가 하는 하나의 증거가 된다. 이 때는 남북전쟁에 뒤이은 국가적 통합의 시기였다.

팽창하는 국가는 아직 어떤 주로도 편입되지 않은 새로운 영토와 영역권 속에 모여드는 대륙의 개척자들로 넘치고 있으며, 반면 수많은 이주민들이 계속적으로 시골로 유입됨에 따라 인구는 폭발적으로 증가하였다. 그 때는 - 이전에 지구상에서는 결코 볼 수 없었던 거대한 규모와 넘치는 힘을 지닌 산업 복합체의 성장과 함께 - 기술 혁신이 가속되는 시기였다. 농업을 하는 미국의 시골에서는 생활이 철도와 기계화 농장 때문에 변화되고 있었다.

상공업을 하는 미국의 도시에는 전통적인 방식의 가족생활과 아직은 미숙한 정치 제도로서의 새로운 민주주의가 생소하고 흔히 무서운 문제를 야기하고 있었다. 전국적으로 사회적이며 정치적인 개혁을 위한 힘은 농민과 산업 노동자들을 조직해 나가기도 하고 지주 계급과 전문 계급 및 상업 계급의 흥미와 양심을 일으켜 세우려고 노력하고 있었다.

1880년대와 1890년대에 자연 과학에서의 진화론적 접근과 사회 과학에서의 실험적 방법 및 철학에서의 프래그머티즘 등이 함께 도래한 것은 - 기술적 변화의 세계와 사회적 이며 정치적인 개혁론의 분위기 속에서 - 교육의 문제에 어떤 영향을 주지 않을 수 없었다. 그러한 영향은 학교에 일상적인 변화가 요구되고 있지 않고 있었더라도 마찬가지였을 것이다.

듀이가 1894년에 시카고 대학교의 철학과 심리학 및 교육학과의 과장으로 부임한 것은 사실 미국 교육에 있어서 가장 결정적인 사건 중의 하나일 것이다.

역사적 중요성으로 볼 때 그 사건이 비유될 수 있는 것은 아마도 1837년 호레이스 만(Horace Mann)이 메사추세트주 교육 위원회의 교육감으로 취임하여 보통 학교나 공립학교의 이상을 개발하고 추진해 나갔던 것뿐일 것이다. 진보주의 교육의 근본적인 아이디어들은 듀이가 1896년 앨리스 듀이(Alico Chipman Dewey) 여사와 함께 설립했던 실험학교에서 실험적으로 완성되었다.

이러한 아이디어들은 그의 수업과, 나의 교육적 신조, 학교와 사회, 아동과 교육과정, 이 책에 포함되어 있는 모든 것, 그리고 후에는 미래의 학교, 민주주의 교육, 경험과 교육 등에 포함되어 있는 논문과 책들에 의해 널리 퍼지게 되었다.

그러나 진거(Ray Ginger)와 맥콜(Robert L. McCaul)의 연구에 의해 구체화되어진 실험학교는 어떤 의미로는 시카고 내부와 주변의 - 아담스(Jane Addams)의 유명한 주거 개선 사업과 파커(Francis W. Parker)의 실험적 학교를 포함한 - 다원적인 개혁 운동의 일화였다. 전체적인 교육 개선을 주장하는 운동은, 흔히 듀이가 시작했고 단독으로 추진했다고 생각되어지고 있지만, 로렌스 크레민의 연구에 의하면 전국적이며 포괄적인 개혁 운동의 일 요소에 불과하다는 점이 밝혀지고 있다. 즉 '대학에서 그 운동은 철학, 심리학, 그리고 사회 과학의 형식주의에 반대하는 정신적인 저항의 일부로서 나타나게 되었다. 도시에서는 그 운동이 사회적 완화와 도시의 개혁과 같은 보다 거대한 프로그램의 한 측면으로 등장하게 되었다. 농부들 속에서는 그 운동이 급진적 토지 균배론에 대한 대안으로서의 온건하면서도 진보적인 입장의 핵심이 되었다.

교육에서는 개선을 주장하는 입장, 즉 진보주의가 몇몇 잘 알려진 경향들을 - 그러나 현대적으로 수정된 형태로 - 함께 묶는 결과를 가져왔다. 한 가지 경향은 루소, 페스탈로찌, 프뢰벨 등의 전통에 따라 - 그러나 지금은 학습과 행동에 관한 새로운 심리학에 의해 채색되고 과학적 권위를 갖는 - 아동의 욕구와 관심을 낭만적으로 강조하는 것이다. 다른 경향은 제퍼슨과 만에게서 물려 받은 - 지금은 도시와 농촌 시민들을 산업적 직업과 농업적 직업에 맞게 훈련시키는 문제에, 그리고 늘어가는 이민의 집단에 새로운 문화를 수용시키는 혹은 미국화 시키는 문제 등에 적용되어지지만 - 보통 학교 혹은 공립학교라는 도구에 대한 민주적 신념이다. 1904년 듀이가 콜럼비아 대학교로 옮겨갈 즈음에 그는 그러한 운동의 지도적 이론가이자 대변인이었다. 그러나 그 때의 그의 지도력은 - 사실 그 때부터 계속해서 - 주의 깊게 따르는 지도자라기보다는, 숭배하여 잘못 이해되어진 예언자의 지도력이었다.

듀이는 사범 대학에서의 강의와 철학과의 대학원 교수로서의 연구를 통하여 전 세계에서 온 수만 명의 학생들에게 직접적인 영향을 주었다. 전국에 걸쳐 교사들은 - 그리고 시민들은 - 교직을 전문직으로 향상시키는 그의 활동과 정치에 대한 그의 참여 및 미국 최초의 교사 조합의 형성을 돕는 그의 노력에 의해 영향을 받았다.

그 조합은 미국 대학교 교수 연합과 뉴욕 교사 조합 등이며, 이들은 나중에 미국 교사 연합의 일부가 된다. 그러나 그의 수많은 제자와 반대자들이 심각하게 다루지 않았던 것은, 그 자신이 '지도자'였던 교육 운동에 대하여 그가 점차 심한 비판을 가하고 있었다는 점이다.

1919년에 설립된 〈진보주의 교육 협회〉와 자신과의 관련을 그가 거듭 부정했던 것은 - 훨씬 뒤에 명예 회장으로서 취임을 동의했을 뿐 - 중요한 사실이다. 1920년대에 그리고 점차적으로 30년대, 40년대를 통하여 듀이는 그 운동의 극단적인 혹은 지나치게 낭만적 단순화라고 생각했던 바에 관한 자신의 회의를 표명해 왔다.

'진보주의 교육과 교육학'이라는 연설에서 듀이는, 엄격성과 명료함의 필요성을 개괄하면서, '교육의 기술에 할 수 있는 지적인 기여'를 고려하여 '진보주의 교육의 초기의, 그리고 보다 부정적인 단계'의 종말에 관하여 말한다. 그는 '아동 중심 학교'라는 관념이 무목적 적이고 위험할 정도로 방임적이라는 점에 대하여 날카롭게 경고한다. 즉 그것은 전후(戰後)의 방랑기질, 개인적 창의성이라는 이름 아래의 다듬어지지 않은 표현, 금기 사항을 피하려는 프로이트적인 배려 등과 혼합되어 있다는 것이다.

후에 '사회적 개척자' 집단과 함께 진보주의를 정치에 투영시키는 데 참여하고 있을 때 그는, 죠지 카운트(George Counts) 등의 사람들이 옹호했던, 학교를 이용하여 '사회 질서를 재정립하는' 작업의 실천 가능성과 바람직성을 조심스럽게 부정하였다.

그는 많은 소위 '진보주의' 학교에서의 교육적 책임 회피라고 믿는 바에 관하여 자주 불평을 했었다. 예컨대 진정한 진보주의적 접근은 새로운 교과 내용 개발을 위한 교육과정의 재창조를 요구하고 있었으나, 교과 내용은 흔히 없어지거나 축소되고 있었다.

조정이나 자유스러운 표현이라는 아이디어들 역시 과장되고 왜곡되기까지 하였으며, 학교는 사회에 대한 적극적인 비판적 태도를 조성해 주지 못하고 있었다.

듀이는 진보주의를 공산주의와 결합시키려는 노력을 거부 하였다. 1928년 소련에서 그가 관찰한 바에 관한 편견이 엿보이는 보고서에는, 그의 아이디어가 가정적으로 그곳에서 실천에 옮겨졌을 때 어떻게 비판을 받게 되었을까 하는 내용이 실려 있었다.

그가 모스크바 재판에서의 트로츠키에 대한 비난을 조사하기 위해 1937년에 멕시코로 갔던 〈조사 위원회〉에 참여했던 것은, 여러 가지 면에서, 진보주의자들과 자유주의자들에게 그들의 신념이 지나치거나 타락했음을 경고하는 것과 같은 맥락에 있는 것으로 볼 수 있다. 듀이의 몇 가지 후기의 철학적 연구는, 특히 교육계의 그의 가장 열렬한 추종자들에 의해 무시되었지만, 정확하게 교육에 대한 듀이의 관심 때문에 이전에는 그를 중요하게 취급하지 않았던 사람들에 의해서 중요한 연구의 대상이 되었다.

듀이는 콜럼비아의 분위기가 시카고의 분위기와는 매우 다름을 알게 되었다. 특히 역사적으로 자리 잡은 우드브리지(Frederick J. E. Woodbridge)의 아리스토텔레스 실제론은, 제인 듀이가 언급했듯이, '그의 모든 철학적 이념들을 다시 생각하게' 해 주었다. 그가 대학원 과정에서 했던 강의에서, 그리고 철학의 재건, 경험과 본성, 확실성의 탐구 등의 저서에서, 그는 실용주의 첫 등장으로 인하여 성공적으로 제거된 것으로 보였던 전통적인 형이상학의 문제와 싸우지 않을 수 없다고 생각했다.

이러한 싸움은 경험으로서의 예술, 논리학, 탐구 이론, 평가 이론, 그리고 그의 마지막 저서로서 벤틀리(Arthur F. Bentley)와 함께 저술한 인식과 인식된 것 등을 포함한 그의 후기의 주요 연구물 속에서 계속되었다. 바로 이 때 그는, 공통의 신념에서, 자신이 과학 이전의 무지에 역사적 기원을 두고 있는 전통적 신념을 대신할 수 있었다고 믿었던 '공유된 경험'과 '과학적 인본주의'라는 종교의 원리를 말했다. 자신의 생명이 거의 다할 때까지 듀이는 자신의 아이디어에 대해 활기차게 해명하거나 항변하고 있었다.

그는 잡지에 논문을 계속 써나갔고, 자신이 관심을 갖는 여러 영역의 책에 머리말과 소개글을 지칠 줄 모르고 써 주었다. 사실 교육에 관한 그의 마지막으로 출판된 글은 크래프(Elsie Ripley Clapp)의 교육 자원의 활용의 서문이었다.

듀이는 친구들, 졸업생 및 전 세계의 많은 사상적 지도자들과 광범위한 교제를 지속해 나갔다. 예컨대 아직 출판되지 않은 중요한 서간집에는 그가 죽을 당시까지 계속 진행 되었던 벤틀리와 카우프만(Felix Kaufmann)과의 토론이 포함되어 있다. 그 서간문은 방법론과 지식 이론의 많은 근본적인 문제들, 특히 그가 '진리'의 전통적인 측정을 대신하여 '타당한 입증 가능성' 개념을 제시함으로써 야기된 문제들과, 초기에 '경험'이라는 용어로써 의도했던 바의 많은 것을 잘 다듬고 명료화하면서, 인식하는 자와 인식된 것의 이중성을 제거하기 위해 그와 벤틀리가 사용했던 '상호작용'이라는 용어에 의하여 야기된 문제들을 자세히 다루고 있다.

사실상 듀이의 언어는, 자신의 연구 결과가 그의 의도에 어긋나게 평가되어지는, 그리고 그의 의도를 제자들의 해석으로부터 구분 짓는 데 따르는 지속적인 문제의 주된 원인이 된다. 듀이는 훌륭한 문필가가 아니었다. 그의 문장 스타일은 흔히 불명료했으며 용어는 애매했다.

철학의 전문적 문제에 관한 저술을 통해 그가 전통적으로 그리고 본질적으로 이중적인 언어를 가지고 반이중적인 논리를 표현하려고 시도했다는 점도 사실이다. 그러나 그의 전체 저술에는 아주 심각한 난점이 있게 된다. 그의 부적절한 문장 스타일은 그만 두고라도, 그의 언어 문제는 자신의 철학으로부터 손을 댈 수 없을 정도로 복잡하게 뒤얽힌 것이었다.

예컨대 그의 주요 용어인 '경험'과 '탐구'는 관찰하는 정신 혹은 의식의 개념 없이, 경험하는 자와 경험된 것, 그리고 탐구자와 문제 상황 등의 본질적인 통합을 가리키려고 의도했는데, 매우 모호하다는 비판을 오랫동안 받아왔다.

듀이의 언어는, 그가 의도한 것은 아니겠지만, 개별적인 탐구자가 자신의 존재를 눈에 띄게 하려는 의도의 흔적만을 남긴 채 상황이나 사회 집단 속으로 사라지게 만드는 원인이 되었다고 말하여진다.

더욱이 '성장' 그 자체가 목적이라고 하는 듀이의 의미는 모호한 것이라는 더욱 많은 불평이 있어 왔다. 교육은 오직 더 많은 교육으로, 성장은 더 많은 성장으로 이끌어져야 한다는 금언은 기껏해야 정확한 의미가 없는 것으로, 그리고 최악의 경우에는 목적 없음을 정당화하는 것이라고 비판되어 왔다.

어떤 면에서 듀이는 자신의 이름과 연관되는 모든 혼란의 책임이 있다고 말해질 수도 있다.

전문 교육자들과 철학자들은 그들의 머리를 젓게 된다고 하는 데 반해 듀이를 그토록 쉽게 알 수 있다고 하는데, 이것은 결코 칭찬이 될 수는 없을 것이다.

논리학에 관하여 카우프만이 한 번 언급했던 것처럼, 듀이의 글은 '모든 사람들이 자신의 연인을 - 또는 악마를 -

볼 수 있는 마녀의 거울과 같은 것이다. 듀이의 추종자들은 그의 의미를 확신함에 있어서 지속적으로 그들 끼리 다툼을 해왔다. 듀이에 대해 반대하는 사람들은 지난 반 세기의 미국인 생활의 모든 결함은 - 그리고 특히 교육 위기의 결함은 - 그 책임이, 비바스(Eliseo Vivas)가 특유의 조심스러운 태도로 그의 '정신을 말살하는 외실'이라고 불렀던 것에 있다고 비난해 왔다. 듀이 자신도 많은 자신의 추종자들이 - 특히 교육자들 중에서 - 자신의 연구를 이해하지 못했거나 그들 나름의 목적에 이용하기 알맞도록 왜곡시켰다고 불평했다. 어떤 의미로는 잘못된 해석의 위험성은 실험적 행동에 대한 듀이의 처방에 내재해 있었다.

그의 철학적 훈련은, 교육적 이론의 일반화라고 하는 개념은, 미국인이 숭상하는 이론화에 대한 저항감에 직접적으로 호소하고 있었다. 여기에, 사고 만에 의한 철학 연구라기보다는, '행위'에 의한 철학 연구라는 방법이 있는 것으로 보인다. 물론, 관례적 사고의 힘든 작업은 중요한 것이지만, 예언자의 육중한 경전 속에 그 대부분의 것이 이미 행해져 있었다.

교육자는 큰 소리로 사고하는 철학자가 될 것이며, 그의 ‘사고’는 학교에 있는 어린이들의 실제 경험이 될 것이다. 사회는 끊임없는 실험에 관여하는 방대한 정신이 될 것이며, 그 사회의 ‘아이디어들’은 시행착오와 그리고 변경될 수 없는 개선 과정의 연속에 나타나는 사건이 될 것이다.

듀이는, 커크가 ‘교육을 받다가 만 미친 군중’이라고 불렀던, 좋은 의도를 지닌 조수들에 의해 인용되고 있음에 분노를 느끼게 되었다. 그러나 그는, 적어도 자신의 사고에 있는 중대한 애매성 때문에, 그들의 교육이 완성되도록 돕지 않았다. 그는 전통적인 지식의 가치에 대한 기본적인 지적 논쟁에 있어서 계속적으로 애매한 태도를 취하고 있다. 때론 하나의 논문이 진정으로 우리가 두 가지 면의 반영을 보게 되는 ‘마녀의 거울’이 된다.

즉 여기서 두 가지 면이란, 하나는 현재의 이해에 필수적인 역사 연구와 과거의 학습에 대한 연구를 요구하는 것이며, 다른 하나는 새로운 아이디어와 지식의 개발에 방해받지 않기 위하여서는 모든 옛 아이디어와 지식으로부터 해방될 것을 요구하는 것이 된다.

물론 여기에는 모든 시대의 개혁자가 겪는 난관이라는 뿔이 있게 된다. 그리고 어떤 미래의 이름으로 현재를 통제하기 위하여 과거를 말살하는 데 있어서 듀이의 부정확함이 비방자와 찬양자들의 확실성보다 훨씬 더 났다고 말하는 것은 험담을 하는 것이 아니다. 그러나 듀이가 과거에 대한 연구에 반대하는 주장을 하는 것으로 보일 때마다 그는 언제나 자신의 진정한 노력과 명성에 대한 최악의 두 가지 적들을 제기하였다.

한편에는, 그의 연구를 비판하기 위한 배경을 얻어야 하는 필요성에 몰두하여 자신들이 믿고 있는 것을 이해하지도 못하고 자신들이 실행하고 있는 것을 통제하지도 못하는 맹목적인 신봉자들, 즉 모방자들이 있게 된다. 다른 한편에는, 문명이라는 신전에서의 그의 뚜렷한 문화 파괴주의에 의하여 돌이킬 수 없는 적으로 되어버린 사람들이 있게 된다.

너무 흔히 그가 진보라는 이름의 관점을 거부하는 것으로 보이기 때문에, 그는 두 집단으로 하여금 그를 전체적으로 파악하지 못하게 한다. - 그리고 자신의 연구와 영향의 판단 작업을 어렵게 하고 인정받지 못하게 한다.

존 듀이가 태어난 지는 한 세기가 지났지만, 그가 죽은 지는 아직 10년도 되지 않았다. 우리는 우리의 아이디어와 우리의 시대에 미친 그의 영향을 밝혀 주게 될 그의 아이디어와 그의 시대에 대한 비판적 검토를 시작하고 있을 뿐이다. 수집되고 출판되어야 할 자료들이 아직 많이 남아 있다.

이제까지는 단지 약간의 포괄적인 비판적 연구가 있었을 뿐이며, 대강의 이력서 이상의 전기는 아직 없다.

그러나, 읽혀지지도 않은 채 무비판적으로 존경되거나 인용되는 방식, 그리고 이해하지도 않은 채 단지 비난함으로써 악을 설명하는 이들에 의해서 논박당하는 방식을 넘어서 어떤 것을 추구하는, 약간의 잠정적인 판단은 가능하다. 듀이의 사상사적 지위는 그의 찬양자와 비방자에 의해서 지금 그에게 주어진 것과는 상당히 다를 수도 있다. 그러나 그가 분명한 중요한 지위를 차지하고 있고 그것도 아주 중요한 지위를 차지하고 있다는 점은 단지 역사와 논리와는 무관한 이들에 의해서 만 부정될 수 있는 것이다.

그의 기여는 새로운 창안이라기보다는 종합일 수 있다. 즉 그의 진정한 독자성은 사고와 행위의 문제에 관한, 표현의 어떤 특정한 뉘앙스에 있기보다는, 백과사전적 범위에 걸쳐 보여진다. 1930년 파리 대학교가 그에게 명예 학위를 수여할 때, 그 학위증에서는 그를 '미국적 자질의 가장 깊고 완벽한 표현'이라고 기술했다. 에밀 뒤르껭이 이끄는 프랑스 학자들은, 시샘하지 않은 채, 새로운 국가의 아이디어, 개척적 경험 및 진보적 목표 등을 구체화하여 나타냈던 듀이의 웅장함에 대해서 찬사를 보내고 있었다.

듀이가, 찰스 피어스, 윌리암 제임스, 조시아 로이드, 모리스 라파엘 코헨, 죠지 산타야나 등과 같은 미국 최고의 철학자들 가운데서도 최고인가의 여부를 묻는 것은 아카데믹한 문제이다. 그러나 만일 우리가 한 사람의 생애 때문에 우리의 삶이 달라진 정도에 관하여 묻는다면, 듀이는 의문의 여지가 없이 가장 중요한 인물이다.

그러나 듀이가 미국인의 생활에 끼친 영향은, 실제로 작용했던 효력과 관련하여 조심스럽게 평가되어야 한다. 듀이를 진보주의 교육에 있어서의 추종자들과 구분하고 그의 이름으로 행해진 실천에 대한 그의 책임을 제한해야 한다는 필요성에 대한 가장 깊은 의미는 우리가 '진보주의'라고 부르는 것의 본질적인 성격에서 찾을 수 있다.

사고와 행위의 그렇게 복합적인 운동의 많은 요소들은, 나름대로 근원과 힘을 가지고 나름대로의 결과를 향하여 나름대로의 과정을 겪어 나간 것으로 밝혀질 수도 있다. 역사상의 한 확대된 순간에 이러한 요소 혹은 힘들이 듀이의 연구에 집중되고 초점을 맞추게 되었다고 말할 수도 있다. 시간이 가면서 그들이 각자 갈라져 지나치고 말았을 때 철학자는 남아서 잔소리를 하고 비판을 하면서 위험을 경고하고 그의 아이디어들을 다시 살펴보며 다시 공식화하였다.

듀이는 몇 십 년 동안 - 심지어 몇 세기 동안 - 실행되고 있었던 교육 개혁의 요소들을 모으고 재정리하고 재창조했다. 심지어 그의 실험도 - 마치 그가 운명의 시계에서 눈을 떼지 않았던 것처럼 정확하게 인식하고 실행했듯이 - 매우 적절하다고 말할 수도 있다.

도구주의자인 듀이는 미국 역사와 사회 내의 힘 있는 도구이면서 동시에 그것을 조직하고 만든 사람이었다. 기다리면서 바라고 있는 그토록 많은 사람들을 이끌어 간 그의 악행을 비난하는 것보다는, 미국 사람들은 자신들이 만든 듀이에 대하여 책임을 져야 한다고 주장하는 것이 더욱 뜻이 통할 것이다.

'철학과 문명'을 쓰면서 듀이는 '독특한 시기에 나타나는 철학은, 버거운 과거와 주의를 끄는 미래의 영속적인 합류점으로 작용하도록 하는 보다 큰 지속성의 패턴을 명확히 한다.'고 반추하고 있다. 그릇된 점과 명확하지 못한 점에 대한 비판, 그리고 과장과 왜곡된 묘사에도 불구하고 존 듀이의 생애에 대한 가장 진실된 평가라고 부를 수 있는 것이 있다. 즉 그의 생애를 이해하지 않고서는 우리는 우리의 역사, 우리의 현재, 그리고 우리의 미래를 향한 방향들을 이해하지 못한 다는 점이다.